U0500249

尹锋林 /著

新《促进科技成果转化法》
与知识产权运用相关问题研究

XIN CUJIN KEJI CHENGGUO ZHUANHUA FA
YU ZHISHICHANQUAN YUNYONG XIANGGUAN WENTI YANJIU

知识产权出版社

全国百佳图书出版单位

图书在版编目（CIP）数据

新《促进科技成果转化法》与知识产权运用相关问题研究/尹锋林著．—北京：知识产权出版社，2015.11
ISBN 978-7-5130-3866-9

Ⅰ.①新… Ⅱ.①尹… Ⅲ.①成果转化—科学技术管理法规—研究—中国 ②知识产权—研究—中国 Ⅳ.①D922.174②D923.404

中国版本图书馆CIP数据核字（2015）第247964号

内容提要

2015年8月29日，全国人大常委会对1996年颁布的《促进科技成果转化法》进行了大幅修改，对于显著增强我国科技成果转化和知识产权运用水平具有重要意义。本书紧紧围绕法律的修改和流变，深入剖析了我国科研单位专利利用的主要问题，重点研究了与我国科技成果转化和知识产权运用密切相关的国有资产管理、人员激励、科技报告、税收、财政、融资与市场等问题，对于深入理解和正确运用新《促进科技成果转化法》具有借鉴作用。

责任编辑：龚　卫　　　　　　责任校对：董志英
装帧设计：Sun 工作室　　　　责任出版：刘译文

新《促进科技成果转化法》与知识产权运用相关问题研究
尹锋林　著

出版发行：知识产权出版社 有限责任公司　　网　址：http://www.ipph.cn
社　址：北京市海淀区马甸南村1号（邮编：100088）　天猫旗舰店：http://zscqcbs.tmall.com
责编电话：010-82000860转8120　　责编邮箱：gongwei@cnipr.com
发行电话：010-82000860转8101/8102　　发行传真：010-82000893/82005070/82000270
印　刷：北京科信印刷有限公司　　经　销：各大网上书店、新华书店及相关专业书店
开　本：880mm×1230mm　1/32　　印　张：7.5
版　次：2015年11月第1版　　印　次：2015年11月第1次印刷
字　数：170千字　　定　价：30.00元
ISBN 978-7-5130-3866-9

序

  当前，我国经济正处于转型升级的关键时期，我国经济发展的各种约束性条件日益突出，以前的粗放经济发展之路越来越难以为继。为了实现经济的成功转型，我国必须加快实施创新驱动发展战略，通过科技创新实现社会经济发展。随着我国政府和社会对科学技术研究投入的快速增长，我国科技创新能力日益增强，科技成果硕果累累，并形成了大批高质量的知识产权。但是，科技成果及其知识产权并非科研工作的最终目的，更非政府和社会资助科研活动的最终目的。科研活动所产生的科技成果及其知识产权只有被利用，被实实在在地转化为市场所需要的产品或服务，才能真正达到政府和社会资助科研活动的根本目的。目前，我国普遍存在科技成果及其知识产权利用率低下的问题，大量科技成果及其知识产权由于种种原因并未真正进入市场，更没有发挥出推动经济发展的应有作用。因此，为了确保我国经济健康稳定发展，从包括法律在内的各个层面全面推动科技成果转化和知识产权运用，就变得越来越迫切且至关重要。

  第八届全国人民代表大会常务委员会第十九次会议于1996年通过并于当年10月1日施行的《促进科技成果转

化法》对促进科技成果转化为现实生产力、推动经济社会发展发挥了一定的积极作用。但是，由于受到当时对该法立法目的、实现立法目的的手段以及立法理念等问题认识的历史限制，1996年《促进科技成果转化法》无论是在科技领域还是在法律实务领域，均未产生预期的作用和影响。因此，1999年中共中央、国务院又下发了《关于加强技术创新、发展高科技、实现产业化的决定》（中发〔1999〕14号），同年，国务院办公厅还转发了科学技术部、教育部、人事部、财政部、中国人民银行、国家税务总局、国家工商行政管理局《关于促进科技成果转化若干规定的通知》（国办发〔1999〕第29号），上述两个文件以及后续配套规章制度从科研机构改革、知识产权作价投资入股、科技奖励报酬、科技财政投入、科技税收、科技金融、科技中介等方面均作出了较为明确具体的规定，对于推动科技成果转化起到了实实在在的作用。另外，第十届全国人民代表大会常务委员会第三十一次会议于2007年修订并于2008年7月1日实施的《科学技术进步法》亦对科技成果及其知识产权运用问题作出了重要规定，特别是该法第20条规定财政资助科技项目形成的知识产权原则上由项目承担单位依法取得，是我国第一次在法律上确认科研单位可以对其所创造的科技成果拥有知识产权，这确实是一个重要进步。

随着我国经济社会发展和科技体制改革与实践的深入，1996年制定的《促进科技成果转化法》中的内容越来越难以适应现实实践需要，主要表现是：科技成果供求双方信息交流不够通畅，企业对科研机构取得的科技成果信息缺乏充分了解影响科技成果转化；科研机构和科技人员的考核评价体系以及科技成果处置、收益分配机制没有充分体现科技成果转化特点，对科研机构和科技人员的考核评价存在重理论成果、轻成果运用的现象，国家设立的科研机构处置科技成果所得收益需按规定上缴财政，且审批手续烦琐，影响科研机构和科技人员积极性发挥；科研的组织、实施与市场需求结合不够紧密，产学研合作落实得不够好，现有科技成果与企业需求有差距，企业在科技成果转化中的主导作用发挥不够；科技成果转化服务还比较薄弱，不便于科技成果转化的实施；等等。❶ 因此，为了有效解决这些问题，推动科技与经济结合、实施创新驱动发展战略，修改1996年《促进科技成果转化法》十分必要。

十二届全国人大常委会立法规划将《促进科技成果转化法》修改工作列入了第一档立法计划。2013年年初，科技部作为《促进科技成果转化法》修改起草工作的前期责任单位，成立了由教育部、财政部、农业部、国有资产监督管理委员会、国家知识产权局、中国科学院、中国工程院、中国科学技术协会、国家自然科学基金委员会、中国人民银行等相关部门参加的《促进科技成果转化法》修订起草工作小组，进行修改的调研和前期起草工作。科技部经过多轮征求意见，最终形成了《中华人民共和国促进科技成果转化法（修订草案）（送审稿）》（以下简称《送审稿》），并在2013年12月报请国务院审议。该《送审稿》建议对1996年《促进科技成果转化法》进行

---

❶ 万钢．关于《中华人民共和国促进科技成果转化法修正案（草案）》的说明 [EB/OL]．http://m.npc.gov.cn/npc/lfzt/rlys/2015-03/02/content_ 1907379.htm.

全面"修订"，对该法结构和内容进行全面调整，拟删除原法第二章"组织实施"，新增"科研机构和高等学校""产学研合作""科技成果转化服务""财政性资金资助的科技项目成果"和"金融支持"等章，并对原法"总则""保障和激励措施""法律责任"等章进行大幅度修改。❶

国务院法制办在收到科技部报送的《中华人民共和国促进科技成果转化法（修订草案）（送审稿）》后，即发有关中央单位与各省、自治区、直辖市人民政府以及部分企业、科研院所、高校、行业协会、专家学者征求意见，并通过中国政府法制信息网向社会公开征求意见，召开专家论证会、企业征求意见会，赴上海、江苏、云南、湖北、辽宁进行调研，在此基础上会同科技部等有关部门对《送审稿》反复研究、修改，最终形成了《促进科技成果转化法修正案（草案）》。该草案经国务院第70次常务会议讨论通过后，报请全国人民代表大会常务委员会进行审议。值得注意的是，该草案是一个"修正"案，而非最初建议的"修订"案，这就意味着1996年《促进科技成果转化法》的主要结构仍然不变，而仅仅是修改各章中的条款。但与科技部送审稿相比，该草案修改的指导思想和主要内容没有实质变化。2015年2月25日第十二届全国人大常委会第十三次会议初次审议了《中华人民共和国促进科技成果转化法修正案（草案）》（即"一审稿"），并将《中华人民共和国促进科技成果转化法修正案（草案）》在中国人大网公布，向社会公

---

❶ 中华人民共和国促进科技成果转化法（修订草案）（送审稿）［EB/OL］. http://www.most.gov.cn/tztg/201312/t20131230_ 111104.htm.

开征求意见。之后，全国人大常委会有关部门在各界意见的基础上对上述"一审稿"进行了修改完善并于 2015 年 7 月底形成了"二审稿"，并再次向有关单位和专家征求意见，最终形成了"表决稿"。2015 年 8 月 29 日，第十二届全国人大常委会第十六次会议表决通过了《关于修改〈中华人民共和国促进科技成果转化法〉的决定》，同日国家主席习近平签署第三十二号《中华人民共和国主席令》，修改后的《促进科技成果转化法》自 2015 年 10 月 1 日起施行（为了行文方便，以下将原《促进科技成果转化法》简称为"1996 年《促进科技成果转化法》"，将修改后的《促进科技成果转化法》简称为"新《促进科技成果转化法》"）。

新《促进科技成果转化法》按照十八届三中全会关于促进科技成果资本化、产业化的总体要求，从科研组织、实施到科技成果转化诸环节统筹考虑，在修改思路上主要把握了以下几点：一是增进社会各界对科技成果信息的了解，完善科技成果信息发布制度，为科技成果供求提供信息平台；二是充分调动科研机构转化科技成果的积极性，增强科研机构和科研人员从事科技成果转化的动力；三是强化企业在科技成果转化中的主体地位，充分发挥企业在科研计划编制、研究方向选择与科研项目实施中的作用，推进产学研合作，促进科研与市场的结合；四是创造良好的科技成果转化服务环境。❶ 同时，针对 1996 年《促进科技成果转化法》操作性不强的问题，新《促进科

---

❶ 万钢. 关于《中华人民共和国促进科技成果转化法修正案（草案）》的说明 [EB/OL]. http://m.npc.gov.cn/npc/lfzt/rlys/2015-03/02/content_ 1907379.htm.

技成果转化法》在立法技术上更加注重可操作性，尽量将
法律规范规定得具体、详细，以便确保新法在生效后即可
落地生根。另外，从这次《促进科技成果转化法》修改
的内容来看，新《促进科技成果转化法》对 1996 年《促
进科技成果转化法》进行了 44 处修改，而 1996 年《促进
科技成果转化法》仅有 37 条，新《促进科技成果转化
法》扩展到了 52 条，这一变化说明新《促进科技成果转
化法》不是对 1996 年《促进科技成果转化法》零敲碎打
的修补，而是一个大幅度的修改和完善。这次《促进科技
成果转化法》修改之所以走"修正"程序，而未走"修
订"程序，立法机关考虑的可能主要还是使该法案尽快通
过，因为"修订"程序一般需要常委会"三读"才能通
过，而"修正"程序"二读"即可。

新《促进科技成果转化法》的主要目的之一就是加
强知识产权运用，《促进科技成果转化法》的修改必然会
对国家创新驱动发展战略的实施和推动"大众创业、万众
创新"产生重要而深远的影响，因此，我们确有必要对之
加以深入研究和探讨，以便更加准确地实施新《促进科技
成果转化法》，推动经济社会发展。

"好风凭借力，送我上青云"。本书内容的研究和书
稿的出版得益于很多专家、学者和有关专业人士的帮助和
支持。首先，特别感谢中国科学院大学公管学院法律与知
识产权系主任李顺德教授。李老师学识渊博、为人谦和，
在他的言传身教之下，我们法律与知识产权系形成了一个
和谐融洽、创新进取的知识产权研究团队。李老师还带领
我们直接参与了科技部《促进科技成果转化法》的修改
起草工作，使笔者有机会深入理解和研究《促进科技成果

转化法》修改的背景、过程、内容和意义。同时，感谢中国科学院大学公管学院方新院长和罗先觉、闫文军、唐素琴、张艳、刘朝、韩伟以及张嘉荣、曹鹏飞等同志，感谢科技部张杰军、侯琼华、赵为、丁明磊等同志，感谢中科院机关唐炜、周俊旭、崔勇、蔡长塔、甘泉、石兵、刘鑫、董萌等同志，感谢中科院政策所刘海波、段异兵、宋河发、肖尤丹等同志，感谢清华大学法学院李小武同志，感谢知识产权出版社龚卫女士，另外，还要对虽未提及尊名但曾在学术或教学上给我提供帮助和支持的各位领导、学者和同志一并表示感谢！

尹锋林

2015 年 10 月 10 日于北京

目　　录

第一章

相关概念界定

一、科技成果与知识产权

科技成果通常是指人们在科研活动中所作出的科学发现或形成的发明创造。在《促进科技成果转化法》修改之前，我国法律、行政法规尚未对"科技成果"这一概念作出明确规定。但部门规章对"科技成果"的概念范围有所涉及，例如科技部《科技成果登记办法》第8条规定："办理科技成果登记应当提交《科技成果登记表》及下列材料：（一）应用技术成果：相关的评价证明（鉴定证书或者鉴定报告、科技计划项目验收报告、行业准入证明、新产品证书等）和研制报告；或者知识产权证明（专利证书、植物品种权证书、软件登记证书等）和用户证明。(二) 基础理论成果：学术论文、学术专著、本单位学术部门的评价意见和论文发表后被引用的证明。(三) 软科学研究成果：相关的评价证明（软科学成果评审证书或验收报告等）和研究报告。"由此可见，该办法将科技成果分为：应用技术成果、基础理论成果和软科学研究成果。但何为应用技术成果、基础理论成果、软科学研究成果，该办法并未进行明确界定。通常理解，基础理论成果主要表现为揭示自然界事物或规律的新的科学发现；应用技术成果主要表现为自然界所没有的而为人类所独创的发明创造；软科学研究成果主要表现为通过自然科学与社会科学相互结合的交叉研究，针对决策和管理实践中提出的复杂性、系统性课题，为解决各类复杂社会问题提出可供选择的各种途径、方案、措施和对策。全国人大常委会有关部门在 2015 年 7 月底形成的"二审稿"建议对"科技成果"进行法律界定，规定："本法所称科技成果，是指通过科学研究与技术开发所产生的具有实用价值的成果。"因此，根据规定，《促进科技成果转化法》所称的"科技成果"具有两个特征：第一，该科技成果应是在科学研究或技术开发中产生的；第二，该科技成果应具有实际应用价值。新《促进科技成果转化法》采纳了"二审稿"的建议，新《促进科技成果转化法》第 2 条规定："本法所称科技成果，是指通过科学研究与技术开发所产生的具有实用价值的成果。"

知识产权是指人们就其智力成果（包括科技成果）所依法拥有的权利，如专利权、著作权、商标权、植物新品种权、商业秘密。"知识产权"这一概念来源于英文"Intellectual Property"。我国大陆通常将"intellectual property"翻译成"知识产权",我国台湾地区则将其翻译成智慧财产。严格按照英文字面意思翻译,台湾地区的译法相对准确。因为按照英文字面意思,"intellectual property"首先是一种财产(property),而在这种财产之上的权利则是"intellectual property right"(IPR)。当然,即使在国际上,"intellectual property"所指的含义也是不完全确定的,有时指发明创造、作品等 IPR 的客体;而有时则与 IPR 同义,指权利本身。我国将"intellectual property"翻译成"知识产权",已经是约定俗成的做法,无需再改变。但是,为了避免争议,同时,也为了便于理解,在使用广义的"知识产权"概念时,不妨将知识产权的范围界定地宽泛一些,即"知识产权"既包括发明创造、作品等智力成果,也包括与该智力成果有关的权利。当然,如果是使用侠义的"知识产权"概念,则是指与该智力成果有关的权利。

科技成果与狭义的"知识产权"的主要联系是:科技成果是知识产权的客体或知识产权的保护对象,知识产权是科技成果在市场经济环境中受到保护的权利形式。质言之,在市场经济环境下,科技成果需要通过知识产权这种形式才能获得法律保护。之所以强调"市场经济",主要是因为知识产权是私权;在计划经济时代,由于私权受到极大的压缩,因此,保护科技成果主要不靠知识产权。在苏联和我国计划经济时代基本上没有知识产权的概念,科技成果保护主要靠国家资助或奖励予以保护。例如,2015 年诺贝尔生理学和医学奖获得者屠呦呦女士之所以未对其青蒿素科研成果申请专利保护,根本原因就是在作出该项发明时我国根本就没有专利保护制度,同时,由于

3

我国当时也未加入相关知识产权保护国际公约，因此，也不可能到其他国家寻求专利保护。

党的十八届三中全会审议通过的《中共中央关于全面深化改革若干重大问题的决定》指出，要"使市场在资源配置中起决定性作用"。在新的形势下，知识产权已经成为科技成果的最主要保护方式。另外，需要注意的是，科技成果与知识产权这两个概念本质上是不能通用的。但是，由于科技成果通常首先表现为技术秘密，而20世纪后期世界知识产权组织和世界贸易组织均已将技术秘密纳入知识产权范畴，故在不严格的语境下，人们也将科技成果与知识产权不加详细区分。

二、转化、转移与运用

在中文语境下，"转化"一般是指将科技成果转变为现实生产力的过程。新《促进科技成果转化法》第2条第2款规定："本法所称科技成果转化，是指为提高生产力水平而对科技成果所进行的后续试验、开发、应用、推广直至形成新技术、新工艺、新材料、新产品，发展新产业等活动。"该法第16条规定："科技成果持有者可以采用下列方式进行科技成果转化：（一）自行投资实施转化；（二）向他人转让该科技成果；（三）许可他人使用该科技成果；（四）以该科技成果作为合作条件，与他人共同实施转化；（五）以该科技成果作价投资，折算股份或者出资比例；（六）其他协商确定的方式。"

新《促进科技成果转化法》第2条和第16条分别从内涵和实现方式两个方面对"科技成果转化"进行了诠

释。该法第 2 条主要是从为了利用科技成果而进行后续实验、开发、应用等活动的角度对科技成果转化这个概念进行界定的。毫无疑问，为了进行科技成果转化或利用，很多科技成果需要进一步进行后续实验或相关研发，这也是对先前的科技成果进行转化的一项重要工作。从本质上讲，这些后续实验或相关研发也是一种研发行为，也会产生新的科技成果。同时，《促进科技成果转化法》的主要目的在于以市场的方式甄选出真正具有市场价值的科技成果，并以市场的方式配置相应的资源（主要是资金），以此进行后续实验、研发、应用或产品的市场推广等行为。因此，"科技成果转化"包含两个层面的内容：一是对科技成果进行后续应用性实验、研发、应用或产品的市场推广等行为，这一行为是将科技成果在生产、制造等过程中具体应用行为；二是为了促进上述行为，或为了使上述行为变的可行，而将科技成果或其知识产权从一个主体转移到另一个主体的行为、许可他人使用的行为或以之进行市场融资、市场中介等行为。另外，需要注意的是，新《促进科技成果转化法》第 16 条相比 1996 年《促进科技成果转化法》增加了一款，即"（六）其他协商确定的方式"，也就是说除了自行实施、许可、转让、合作、作价投资等转化方式之外，如果科技成果拥有者与使用者协商确定其他方式转化科技成果，法律亦予以认可。之所以增加这个兜底条款，主要是考虑到随着我国市场经济的发展，科技成果转化实践方式越来越多种多样，除了 1996 年《促进科技成果转化法》规定的 5 种方式之外，还已经产生或正在酝酿诸如知识产权质押、知识产权托管、知识产权证券化等多种新型的科技成果转化方式，为了确保这些转化方式也纳入法律轨道，所以增加了这个兜底条款。

"转移"一般是指将某项权利或某个事物从一方转移到另一方。比如，专利权的许可或转让、技术秘密的转让或许可等。值得注意的是，"许可"其实也是一项权利的转移，即将使用某项技术的权利从一个主体转移到另一个主体。由于有相当一部分科技成果转化往往需要伴随知识产权的转移，而绝大部分知识产权转移的目的也是为了科技成果转化。因此，在我国，"科技成果转化""知识产权转移"或"知识产权转移转化"等几个概念通常是指大致相同的内容。

2008年国务院印发的《国家知识产权战略纲要》（国发〔2008〕18号）还提出了与"转移""转化"极为相似的另一个概念，即"运用"。《国家知识产权战略纲要》在"鼓励知识产权转化运用"的项目下主要列举了三项战略措施：第一，引导支持创新要素向企业集聚，促进高等学校、科研院所的创新成果向企业转移，推动企业知识产权的应用和产业化，缩短产业化周期。深入开展各类知识产权试点、示范工作，全面提升知识产权运用能力和应对知识产权竞争的能力。第二，鼓励和支持市场主体健全技术资料与商业秘密管理制度，建立知识产权价值评估、统计和财务核算制度，制订知识产权信息检索和重大事项预警等制度，完善对外合作知识产权管理制度。第三，鼓励市场主体依法应对涉及知识产权的侵权行为和法律诉讼，提高应对知识产权纠纷的能力。由此可见，"知识产权运用"与"科技成果转化""科技成果转移"等概念亦有很多重叠或相同之处。

但是，由于上述几个概念之间毕竟有一定区别，比如科技成果转化包括自行实施转化，而知识产权转移则显然不包括自行实施专利技术，同时，考虑到《促进科技成果转化法》在修订后还需制定相关的配套法规和规章，国际上较少使用"科技成果转化"概念而通常使用"知识产权转移"或"技术转移"的概念，因此，在修改《促进科技成果转化法》时曾有学者建议《促进科技成果转化法》在界定科技成果转化概念时，应该考虑到相关知识产权概念，比如，至少应将"专利权、技术秘密、软件著作权的转让、许可和作价投资"或"知识产权（不包括商标权）的转让、许可和作价投资"明确包括到科技成果转化概念范围之内。这样，才能保证修改后的转化法及其配套法规、规章（主要是其中规定的一些优惠措施）可以直接适用于知识产权转让、许可和作价投资行为之中；否则，将来可能还会出现某些扯皮的情况。当然，由于各种原因新《促进科技成果转化法》未将知识产权问题纳入科技成果转化的概念，如果日后制定新《促进科技成果转化法》的实施细则，有关部门亦须考虑"科技成果转化"和"知识产权运用"这两个概念的衔接问题。

三、发明、职务发明与职务科技成果

在《专利法》框架下，与《促进科技成果转化法》中的"科技成果"相对应概念的是"发明创造"。根据《专利法》的规定，发明创造包括发明、实用新型和外观设计。《专利法》第 2 条进一步规定："发明，是指对产品、方法或者其改进所提出的新的技术方案。实用新型，是指对产品的形状、构造或者其结合所提出的适于实用的

新的技术方案。外观设计，是指对产品的形状、图案或者其结合以及色彩与形状、图案的结合所作出的富有美感并适于工业应用的新设计。"《促进科技成果转化法》中的"科技成果"概念，则不仅包括上述发明、实用新型和外观设计所界定的内容，还包括一些其他智力创造，比如，计算机软件、植物或动物新品种。由此可见，《专利法》语境下的发明创造和发明概念所界定的范围要小于《促进科技成果转化法》的科技成果概念。另外，还需要注意的是，"发明"一词还有广义和狭义之分。狭义的"发明"就是指《专利法》所界定的发明，即"对产品、方法或者其改进所提出的新的技术方案"。而广义的"发明"则是指人们所创造出来的一切自然界中原来并不存在的事物或技术方案。目前，国务院法制办正在就国家知识产权局、科技部报请国务院审议的《职务发明条例草案（送审稿）》❶公开征求界意见。《职务发明条例草案（送审稿）》对发明所界定的范围则采取了折中原则，该送审稿第4条规定：本条例所称发明，是指在中华人民共和国境内完成的，属于专利权、植物新品种权或者集成电路布图设计专有权保护客体的智力创造成果。因此，《职务发明条例草案（送审稿）》所界定的"发明"的概念范围要大于《专利法》"发明创造"的概念范围，但是仍然小于《促进科技成果转化法》中"科技成果"的概念范围。比如，计算机软件本身、动物新品种等显然是属于《促进科技成果转化法》"科技成果"的范畴的，但却不属于

---

❶ 职务发明条例草案（送审稿）[EB/OL].[2015-08-10]. http://www.sipo.gov.cn/ztzl/ywzt/zwfmtlzl/tlcayj/201504/P020150413381965255411.pdf.

《职务发明条例草案（送审稿）》"发明"的定义范围。

无论是《促进科技成果转化法》还是《专利法》，均存在职务权属的问题，即对于单位员工作出的科技成果或发明创造，科技成果或发明创造及其知识产权是属于单位还是属于创造者个人所有的问题，或者是否属于职务科技成果或职务发明创造的问题。1996年《促进科技成果转化法》多次提到"职务科技成果"这个概念，例如：1996年《促进科技成果转化法》第14条规定："国家设立的研究开发机构、高等院校所取得的具有实用价值的职务科技成果，本单位未能适时地实施转化的，科技成果完成人和参加人在不变更职务科技成果权属的前提下，可以根据与本单位的协议进行该项科技成果的转化，并享有协议规定的权益。该单位对上述科技成果转化活动应当予以支持。科技成果完成人或者课题负责人，不得阻碍职务科技成果的转化，不得将职务科技成果及其技术资料和数据占为己有，侵犯单位的合法权益。"但是，1996年《促进科技成果转化法》并未对职务科技成果进行定义，也未对职务科技成果的范围进行界定。

现行《专利法》第6条对职务发明创造进行了明确界定，该条规定："执行本单位的任务或者主要是利用本单位的物质技术条件所完成的发明创造为职务发明创造。职务发明创造申请专利的权利属于该单位；申请被批准后，该单位为专利权人……利用本单位的物质技术条件所完成的发明创造，单位与发明人或者设计人订有合同，对申请专利的权利和专利权的归属作出约定的，从其约定。"《专利法实施细则》第12条对职务发明创造进行了进一步明确，该条规定："专利法第六条所称执行本单位的任务所完成的职务发明创造，是指：（一）在本职工作中作出的发明创造；（二）履行本单位交付的本职工作之外的任务所作出的发明创造；（三）退休、调离原单位后或者劳动、人事关系终止后1年内作出的，与其在原单位承担的本职工作或者原单位分配的任务有关的发明创造。专利法第六条所称本单位，包括临时工作单位；专利法第六条所称本单位的物质技术条件，是指本单位的资金、设备、零部件、原材料或者不对外公开的技术资料等。"由此可见，现行《专利法》主要是从两个标准界定职务发明创造：一是任务标准，即单位员工无论是履行本职工作任务，还是履行单位交付的本职工作之外的其他任务所作出的发明创造，均属于职务发明创造，该发明创造应属于单位所有；二是资源标准，即如果单位员工是主要利用了本单位的物质技术条件所作出的发明创造，例如是利用本单位的资金、设备、零部件、原材料或者技术秘密所作出发明创造，则也属于职务发明创造。上述资源标准有一个例外，即允许约定优先，如果单位员工与单位对该发明创造的归属有约定，则按照双方约定来确定主要利用单位物质技术条件所完成的发明创造的权属。另外，《合同法》还规定了一个"职务技术成果"的概念。《合同法》采用了与《专利法》相类似的标准确定职务技术成果的归属。《合同法》第326条规定："职务技术成果的使用权、转让权属于法人或者其他组织的，法人或者其他组织可以就该项职务技术成果订立技术合同。法人或者其他组织应当从使用和转让该项职务技术成果所取得的收益中提取一定比例，对完成该项职务技术成果的个人给予奖励或者报酬。法人或者其他组织订立技术合同转让职务技术成果时，职务技术成果的完成人享有以同等条件优先受让的权利。职务技术成果是执行法人或者其他组织的工作任务，或者主要是利用法人或者其他组织的物质技术条件所完成的技术成果。"《职务发明条例草案（送审稿）》亦采取了与《专利法》类似的标准界定职务发明的范围。《职务发明条例草案（送审稿）》第7条规定："下列发明属于职务发明：（一）在本职工作中完成的发明；（二）履行单位在本职工作之外分配的任务所完成的发明；（三）退休、调离原单位后或者劳动、人事关系终止后一年内完成的，与其在原单位承担的本职工作或者原单位分配的任务有关的发明，但是国家对植物新品种另有规定的，适用其规定；（四）主要利用本单位的资金、设备、零部件、原材料、繁殖材料或者不对外公开的技术资料等物质技术条件完成的发明，但是约定返还资金或者支付使用费，或者仅在完成后利用单位的物质技术条件验证或者测试的除外。"《职务发明条例草案（送审稿）》第9条规定："单位可以在依法制定的规章制度中规定或者与发明人约定利用单位物质技术条件完成的发明的权利归属；未与发明人约定也未在规章制度中规定的，适用本章的规定。"

特别需要注意的是，虽然现行《专利法》《合同法》以及《职务发明条例草案（送审稿）》对职务发明创造或职务技术成果、职务发明的判断标准均采取了任务标准和资源标准两个标准，但是目前正在进行的第四次《专利法》修改拟对职务发明创造的概念范围进行重大调整，拟取消判断职务发明创造的资源标准。国家知识产权局《中华人民共和国专利法修改草案（征求意见稿）》❶ 第 6 条规定："执行本单位任务所完成的发明创造为职务发明创造。职务发明创造申请专利的权利属于该单位；申请被批准后，该单位为专利权人。非职务发明创造，申请专利的权利属于发明人或者设计人；申请被批准后，该发明人或者设计人为专利权人。利用本单位的物质技术条件所完成的发明创造，单位与发明人或者设计人订有合同，对申请专利的权利和专利权的归属作出约定的，从其约定；没有约定的，申请专利的权利属于发明人或者设计人。"因此，根据该《专利法修改草案（征求意见稿）》第 6 条，对于主要利用本单位物质技术条件所作出的发明创造，将不再被作为职务发明创造。当然，单位可以与员工对这些发明创造的权属作出约定，但如果没有明确约定的，则该发明创造应属于发明创造人所有。

国家知识产权局《中华人民共和国专利法修改草案（征求意见稿）》之所以对职务发明创造的概念范围作出如此重大修改，其理由主要有以下几点：一是体现"人是科技创新的最关键因素"，充分利用产权制度激发发明人的创新积极性。对于利用单位物质技术条件完成的发明创造，在权利归属方面给予单位和发明人之间更大的自主空间，在没有约定的情况下，规定申请专利的权利属于发明人或者设计人；二是克服现行《专利法》第 6 条第 1 款与第 3 款规定之间可能产生的矛盾，消除实践中对第 3 款规定的"利用"是否包含"主要利用"情形存在的不同理

---

❶ 《中华人民共和国专利法修改草案（征求意见稿）》条文对照 ［EB/OL］. ［2015 - 08 - 10］. http://www.sipo.gov.cn/ztzl/ywzt/zlfjqssxzdscxg/xylzlfxg/201504/t20150 401＿1095940.html.

解；三是促使单位完善内部知识产权管理制度，事先约定好利用单位物质技术条件完成发明创造的权利归属，预防纠纷的发生；四是落实 2014 年 12 月国务院发布的《关于国家重大科研基础设施和大型科研仪器向社会开放的意见》要求，加快推进国家重大科研基础设施和大型科研仪器向社会开放，进一步提高科技资源利用效率，为发明人充分利用科研单位物质技术条件进行研发活动营造更完善的法律环境。❶

　　2015 年 7 月底，全国人大常委会工作部门形成的《促进科技成果转化法（修改草案二审稿）》亦拟对职务科技成果概念作出明确规定，该二审稿第 2 条规定：职务科技成果是指执行研究开发机构、高等院校和企业等单位的工作任务，或者主要是利用上述单位的物质技术条件所完成的科技成果。由此可见，二审稿对职务科技成果的界定也是参考了现行《专利法》的规定，即同时适用任务标准和资源标准两个标准，也与现行《专利法》《合同法》相衔接。但是，考虑到目前正在进行《专利法》的第四次修改，而《专利法》的第四次修改拟对职务发明创造的概念范围进行较大调整，如果本次《促进科技成果转化法》的修改对职务科技成果以任务标准和资源标准进行明确确定，那么将来《专利法》第四次修改时对职务发明创造的概念范围进行调整的阻力就会更大，且未来《专利法》与《促进科技成果转化法》之间可能会在何为"职务成果"问题上产生巨大分歧，因此，有专家学者认

---

❶ 关于《中华人民共和国专利法修改草案（征求意见稿）》的说明［EB/OL］. ［2015−08−10］. http://www.sipo.gov.cn/ztzl/ywzt/zlfjqssxzdscxg/xylzlfxg/201504/t20150401_1095942.html.

为在未形成共识之前，本次《促进科技成果转化法》的修改不宜不对职务科技成果的概念范围进行明确界定。新《促进科技成果转化法》最终采纳了"二审稿"的意见，新《促进科技成果转化法》第2条第1款规定："本法所称科技成果，是指通过科学研究与技术开发所产生的具有实用价值的成果。职务科技成果，是指执行研究开发机构、高等院校和企业等单位的工作任务，或者主要是利用上述单位的物质技术条件所完成的科技成果。"虽然新《促进科技成果转化法》与现行《专利法》《合同法》在此问题上的规定是一致的，但科研单位、企业等亦应密切关注《专利法》的第四次修改，如果《专利法》第四次修改最终对职务发明创造的判断标准进行了调整，那么科研单位或企业为了避免不必要的纠纷亦应对本单位的相关规章制度和与单位员工的相关劳动合同条款进行相应调整，对利用本单位的物质技术条件所形成的发明创造的归属与单位员工作出明确约定。

四、背景知识产权与项目知识产权

在科技成果转化或科技合作过程中，经常出现背景知识产权和项目知识产权的概念。这两个概念在科技成果转化合同或科技合作合同中具有重要意义，因此，有必要加以介绍。

（一）背景知识产权

背景知识产权（background IP，or background），是科技成果转化合同或科技合作合同中最复杂的一个概念，也是最容易引起分歧和争议的一个焦点，因此，在界定背景知识产权的时候，必须倍加谨慎。通常而言，背景知识产权就是指在科技成果转化或科技合作过程中，由一方所拥有的并且因转化或合作研究目的而提供给另一方使用的知识产权。构成背景知识产权，通常需要同时具备两个条件：一是该知识产权是当事人在签订转化合同或科技合作合同之前所拥有的。如果该知识产权是在签订合同之后获得的，那么通常就不应被界定为背景知识产权，因为该知识产权可能是在合同执行过程中获得的，则应属于项目知识产权；另外，合同当事人在合同签订后所获得的知识产权也可能与该合同没有任何关系，那么也不应被列入背景知识产权之中。二是背景知识产权须为转化或合作研究所必须。为了有效实现合同目标，合同当事人通常需要利用对方已拥有的知识产权；另外，由于转化过程中形成的新成果或合作研究成果极有可能是在合同当事人已拥有的知识产权的基础上进一步研发的，因此，这些新研究成果的利用，也很可能会使用那些已拥有的知识产权。所以，为了有效开展转化或合作研究，或者为了有效利用新研究成果，项目参加者需要贡献其已拥有的知识产权作为背景知识产权。

当然，上述背景知识产权的定义，仅是一个原则性的概念。在不同的转化合同或不同的科技合作协议中，背景知识产权的定义会由于具体情况的不同而有所变更。比如，对合同当事人在合同签订后所获得的知识产权，如果为了进行转化或合作研究所必需，或者为了新研究成果利用的需要，那么也可以通过签订补充协议的方式，将其列入背景知识产权之中。再如，转化合同或者科技合作协议

15

还可以只将仅为开展相关研究所必须的知识产权作为背景知识产权；而不将那些合同当事人所拥有的，且为新研究成果商业利用所必须的知识产权作为背景知识产权，至于这些知识产权的使用问题，可以在新研究成果利用时由利用者与权利人另行协商。

关于背景知识产权的界定方式，主要有三种：一是内涵式界定，即仅对背景知识产权的概念进行定义，但不具体列举合同当事人的哪些具体知识产权属于背景知识产权。比如，可以将背景知识产权定义为：合同当事人在签订协议之前所拥有的，且为科技成果转化或合作研究的开展或未来新研究成果的商业利用所必须的知识产权；也可以将背景知识产权定义为：合同当事人在签订协议之前所拥有的，且为科技成果转化或合作研究的开展所必须的知识产权。二是列举式界定，即不对背景知识产权的概念进行定义，但具体列出合同当事人所拥有的哪些知识产权属于背景知识产权。内涵式界定方法的优点是能够将合同人所有的与合同有关的知识产权都纳入到背景知识产权之中，这样可以使背景知识产权的利用者获得更多的权利；但缺点是，由于背景知识产权的利用者可能并不掌握权利人所拥有的知识产权信息；同时，对权利人来说，也可能有一定风险，这是因为权利人的那些不为合同所必需的知识产权也可能会被要求纳入背景知识产权。因此，仅仅用内涵式方式确定的背景知识产权的范围、内容可能会模糊和不确定。列举式界定方法的优点是可以使背景知识产权的范围和内容具体、明确；但缺点是在签订转化协议或科技合作协议时，当事人还不能完全确定需要使用哪些知识产权，所以可能会漏掉一些需要使用的知识产权。三是内涵式与列举式相结合的界定方式，即首先对背景知识产权的概念进行定义，然后转化协议或科技合作协议的正文或附件中明确列举权利人的哪些知识产权属于背景知识产权，同时规定，对没有在清单中明确列入的但为执行合同所必须的知识产权亦属于背景知识产权。

同时，还需要注意的是，由于转化合同或科技合作合同的当事人主体是具有法律主体资格的单位，即法人，如公司、大学或其他科研机构，而真正涉及该合同的往往是大学、科研机构的一个系、研究室或课题组或公司的一个部门，所以，在签订转化合同或科技合作协议时，就需要当事人确定：是将该法人所有的与合同有关的知识产权作为背景知识产权，还是仅将该大学、科研机构的特定系、特定研究室或课题组、公司的特定部门的与合同有关的知识产权作为背景知识产权。这种区分和明确，对大型的且其内部各部门之间信息交流较少的大学或科研机构而言，尤其是非常必要的。

（二）项目知识产权

项目知识产权（project IP，or foreground），是指在转化合同或科技合作合同实施期间，因合同实施本身而创造的知识产权。因此，项目知识产权的特征有两个：一是该知识产权是在合同实施期间形成的。如果知识产权是在合同实施之前产生的，那么就有可能属于背景知识产权，而绝对不可能属于项目知识产权；如果知识产权是在项目实施完毕后产生的，那么就属于知识产权完成者的单独享有的知识产权，也不应属于项目知识产权。二是该知识产权是因实施合同本身而创造的。质言之，如果该知识产权产生于转化过程或科技合作过程之外，那么即使是在合同履行期间完成的，甚至即使与合同涉及的技术领域有关，那么也不属于项目知识产权。在转化合同或科技合作合同中，有关项目知识产权的归属和利用问题尤其应引起合同各方当事人的重视。为了避免因项目知识产权的归属和利用问题发生争议，当事人非常有必要在合同中对该问题作出明确约定。

在合同双方当事人未对项目知识产权作出明确约定的情况下，那么项目知识产权的归属和利用就应依照法律的相关规定进行处理。新《促进科技成果转化法》第 40 条规定："科技成果完成单位与其他单位合作进行科技成果转化的，应当依法由合同约定该科技成果有关权益的归属。合同未作约定的，按照下列原则办理：（一）在合作转化中无新的发明创造的，该科技成果的权益，归该科技成果完成单位；（二）在合作转化中产生新的发明创造的，该新发明创造的权益归合作各方共有；（三）对合作转化中产生的科技成果，各方都有实施该项科技成果的权利，转让该科技成果应经合作各方同意。"由此，可见在合作转化过程中形成的新的发明创造，即项目知识产权，其权益属于合作各方共有，且各方均有实施该项目知识产权的权利，但如果要转让该项目知识产权需要经过合作各方的同意。需要注意的是，新《促进科技成果转化法》第 40 条对项目知识产权的权属和利用问题所作出的规定仅限于科技成果"合作转化"过程中所形成的项目知识产权；而如果是在合作研发合同框架下形成的项目知识产权，则应适用《专利法》第 8 条的规定解决该项目知识产权的归属和利用问题。《专利法》第 8 条规定："两个以上单位或者个人合作完成的发明创造、一个单位或者个人接受其他单位或者个人委托所完成的发明创造，除另有协议的以外，申请专利的权利属于完成或者共同完成的单位或者个人；申请被批准后，申请的单位或者个人为专利权人。"由此可见，根据《专利法》第8条规定，如果合作研发合同当事人未对项目知识产权问题作出明确约定，那么如果项目研究成果是由一方当事人作出的，则该合作研究中形成的项目成果的申请专利的权利及其专利权就应属于该一方当事人。

第二章

我国科研单位专利利用的
主要问题与原因

《促进科技成果转化法》的一项重要使命就是促进科研机构和大学的知识产权利用与扩散。目前，我国知识产权工作正在经历由数量扩张向质量第一、效益优先方向进行转变的艰难过程。在这一转变过程中，我国亟须大力提高知识产权竞争力，促进知识产权成果的转化和利用，以真正实现知识产权保护制度鼓励科技创新、增进公众福利之立法目的。特别是近年来，随着我国对科学技术研究投入的快速增长，我国科技创新能力日益增强。在这种大形势下，我国科研机构和大学的科研成果硕果累累，亦申请了大量专利。但是，专利并非科研工作的最终目的，更非政府巨额财政资助的最终目的。政府资助的科研活动所产生的专利只有被利用，被实实在在转化为产品或服务，才说明这些专利具有市场竞争力，才能真正达到政府资助科研活动的根本目的。因此，研究我国科研机构和大学的专利利用情况，对于提升和促进我国科研机构和大学的科技成果转化工作具有重要意义。

一、我国科研机构和大学专利利用中的主要问题

通过对我国科研机构和大学专利利用情况的量化分析以及对相关科研机构和大学的实际调研，发现我国科研机构和大学在专利利用方面总体表现较差，主要体现在以下几个方面。

（一）我国科研机构和大学专利利用率总体偏低

量化分析显示，我国 116 所 "211" 大学和 71 所专利利用相对较好的研究所共 187 家在 2006~2010 年平均每年的专利申请数量是 27 881 件，上述单位在 2012 年进行专利许可备案的数量是 855 件，二者相除得到 3.06%。质言之，我国这些大学和研究所每 100 件专利申请，进行专利许可备案的仅有 3 件，且 2012 年平均每家单位进行专利许可备案的数量为 4.57 件。

根据新《促进科技成果转化法》的规定，我国科研机构和大学专利利用的可能方式有以下几种：自己实施专利技术、与他人合作实施专利技术、转让专利、许可专利、以专利权作价投资入股等形式。由于科研机构和大学本身通常并不具备工业生产与制造能力，也不具备市场营销能力，因此，科研机构和大学极少以自己实施专利技术的方式来实现专利权的市场价值。同时，如果科研机构和

大学以专利权为合作条件与他人共同实施专利技术，由于这种合作方式如果不创设独立的法人，那么科研机构和大学与第三人的合作就是一种合伙或准合伙的合作方式，科研机构和大学就会对这种合作承担无限连带责任。显然，这种与他人共同实施专利技术且不创设独立法人的合作方式，与我国科研机构和大学的非盈利性质不相符合，所以，在实践中，也极少有科研机构和大学采取这种专利利用方式。因此，目前我国科研机构和大学进行专利利用的主流方式就是转让、许可和作价投资入股等三种形式。同时，考虑到我国科研机构和大学由于受到《促进科技成果转化法》修改前国有资产管理规则的限制，进行专利转让或作价投资需要层层审批，程序烦琐且耗时很长，故我国大学和科研机构的专利利用方式主要是专利许可，其他利用方式如专利转让、作价投资入股、自行实施、合作实施等方式较专利许可而言则较为鲜见。因此，即使考虑到未在国家知识产权局进行专利许可备案的专利许可以及专利转让、作价投资入股、自行实施、合作实施等专利利用的情况，上述大学和科研机构的专利利用率应该也不会超过5%，即这些大学和科研机构的每100件专利申请中被商业利用的不会超过5件。另外，如果考虑到"211"大学在我国几千所大学中是教学与科研能力最强的100多所大学，是我国大学中的精华，可以认为上述大学和科研机构基本代表了我国大学和科研机构专利利用情况的最高水平。所以，从整体而言，可以基本肯定地得出如下结论：我国科研机构和大学专利的商业利用率不会超过5%。

2013年年底，美国大学经理人协会（Association of University Technology Managers，AUTM）发布了《2012财

务年度美国许可活动调查报告》（U．S．Licensing Activity
Survey：FY2012）。❶该调查共向299家单位发送了调查问
卷，其中包括232家大学、61家医院和研究机构、2家国
家实验室、4家第三方技术投资公司，共收到了194份有
效答卷，回复率达到65%，其中包括161家大学、32家
医院和研究机构，以及1家第三方技术投资机构。在2012
年财务年度，上述194家大学和科研机构的科研人员向本
单位报告的发明共计23 741个，上述单位新申请的专利为
14 224件，共获得5145件美国专利授权。在同期，上述
单位以知识产权为基础新设立公司705家，在该财务年度
尚在经营的附属公司共4002家；进行商业化的新产品为
591件；新增技术许可5130件，对方行使选择权1242
件，❷因此，实际进行技术许可的共计6372件。如果用许
可件数（包括行使选择权的件数）除以新增专利申请件
数，可得当年专利许可比例为44．8%。当然，由于被许可
的不全是专利，还可能有未申请专利的技术秘密，所以，
科技成果以许可形式进行利用的比例用许可件数除以报告
发明的件数应更科学一些。经计算，该比例为26．8%。而
如果再将作价投资的705件（即新设公司的件数）考虑进

❶　AUTM，U．S．Licensing Activity Survey HIGHLIGHTS，http：//www．autm．net/
FY2012_ Licensing_ Activity_ Survey/12357．htm．

❷　选择权合同（option agreement）是技术拥有者（研发者）给予潜在的技术使
用者一定的考虑期限，使之可以评估技术的价值并与技术拥有者协商技术许可条款。
通常，在研发合作协议中，研发者与资助者之间会规定选择权问题，研发者承诺在作
出研究成果后立即通知资助者，资助者有权在接到通知后一定期限内选择并与研发者
商定该技术的使用许可条款，如果资助者在该期限内不行使选择权，那么研发者即可
将该技术许可转让给第三人。因此，选择权合同的当事人如果行使了选择权，那么也
就意味着选择权人接受了技术许可。——笔者注

来，那么该 194 家大学和科研机构在 2012 年所创造的科技成果的实际利用率为 29.8%。❶ 同时，上述 194 家大学和科研单位在 2012 财务年度进行技术许可的件数为 32.85 件。

综合上述情况进行对比，我们发现中美大学和科研机构在科技成果利用问题上存在巨大差距。我国 187 家主要大学和科研机构专利的商业利用率不超过 5%，而美国 194 家大学和科研单位的科技成果利用率为 29.8%，是我国的 5 倍；我国 187 家主要大学和科研机构在 2012 年度进行专利许可备案的平均数量为 4.57 件；而美国 194 家大学和科研单位在该年度进行技术许可的件数为 32.85 件，是我国的 7.2 倍。由此可见，我国科研单位和大学在专利利用问题上，相较于发达国家而言，仍然任重道远，需要继续作出不懈努力。

（二）我国科研机构和大学专利的市场价值总体较低

由于专利的市场价值通常体现在专利转让或许可的合同之中，而专利转让或许可合同又通常作为商业秘密被合同双方当事人加以保护，故很难获得非常完整和准确的专利市场价值数据。同时，因为笔者尚未发现与国内专利价格直接相关的完整统计数据，所以我们拟以新闻报道中的

---

❶ 需要注意的是这样计算有一定误差，主要有两点：一是某件技术可能进行了多个许可，有重复计算问题；二是 2012 财务年度进行许可的技术绝大多数不是在该年度创造的，而应该是在之前研发的。但是，如果考虑到我们计算我国专利许可件数也是有重复计算的问题，并且，考虑到在大数据背景下，各年度研发的技术成果数量应具有一定的稳定性，因此，进行上述计算，并与我国情况相比较，其误差范围是可以接受的。——笔者注

一些实际专利交易案例和一些概括性的统计数据作为分析专利市场价值的基础。另外，由于一些数据的可获得性问题，文中的某些数据系来自于笔者的访谈和局部调研，这些数据不可能百分之百精确，我们的主要目的并不在于获得我国专利市场价值的精确统计数据，而在于分析现象、说明问题。

2011 年，中国技术交易所通过网络与现场拍卖形式举办了第二届中国专利拍卖会。该届专利拍卖会自 2011 年 6 月筹办至 2011 年 11 月结束，共面向社会公开征集标的 400 余项，通过主办方的筛选最终涉及电子信息领域的近 300 项标的正式进入招标环节。该次专利拍卖会共有来自全国的 10 多家机构参与竞拍活动，总计成交标的 16 项，成交金额 100 余万元。❶ 由此可见，平均每 20 件专利中才有一件专利有人问津；即使被拍卖的专利，每件中国专利的平均价格亦不足 10 万元人民币。

2012 年，中国技术交易所联合中国科学院计算技术研究所共同举办了"中国科学院计算技术研究所第二届暨中国技术交易所第三届专利拍卖会"，该届拍卖会自 2012 年 7 月开始至 2012 年 11 月结束。根据中国技术交易所网站通报显示，截至 2012 年 10 月 30 日，该拍卖会已成交 32 项专利，交易金额 301.5 万元，"已创三届专利拍卖会交易额新高"。❷ 之后，根据该交易所网络竞价结果通报

---

❶ 中国技术交易所第二届专利拍卖会圆满结束［EB/OL］.［2013-2-14］http：//www.ctex.cn/article/wznr/dxal/201111/20111100034581.shtml.

❷ 中国技术交易所第三届专利拍卖会（北京现场拍卖）结果通报［EB/OL］.［2013 - 2 - 14］http：//www.ctex.cn/article/scypt/jsjyzx/zxdt/201211/20121100042433.shtml.

显示：在宁波专利拍卖网络竞价过程中共成交 16 件专利，成交金额 8.5 万元；在东莞专利拍卖网络竞价过程中共成交 14 件专利，成交金额 39 万元。综合上述已有数据，该次拍卖会共拍卖（或网络竞价成交）62 件专利，成交金额为 349 万元，因此，每件中国专利的平均价格为 5.54 万元人民币。

由上述两个数据可以看出，每件被交易的中国专利的平均价格不超过 10 万元人民币。如果考虑到专利的转让价格必然远高于专利的许可价格，那么估计当前每件中国专利许可的年平均价格水平可能不会超过 5 万元。

我们还可以通过一个案例来分析一些美国专利的平均价格水平。2012 年 12 月，美国柯达公司在破产保护的巨大压力之下宣布接受一项专利转让协议，将其拥有的 1100 项数字成像专利以 5.25 亿美元的价格转让给 Intellec-tual Ventures 和 RPX Corporation 两家公司。❶ 该项专利转让协议对于柯达公司而言可以说是城下之盟，因为如果柯达公司不签此协议，那么就不能获得其破产重组所急需的巨额融资，柯达公司就会因此而真正破产。即使如此，柯达公司的每件美国专利的平均价格为 47.72 万美元，折合人民币为 296 万元。

如果把柯达公司专利作为美国专利的代表，把中技所拍卖的专利作为中国专利的代表，那么可见，中美专利的平均价格至少相差 30 倍。如果考虑到柯达公司是在破产压力下不得已而出售其专利，并且是通过打包方式将其

---

❶ 柯达 5.25 亿美元出售 1100 项数字成像专利［EB/OL］.［2013-2-14］http://tech.sina.com.cn/it/2012-12-19/23157903667.shtml.

1100 件专利不加区分地出售，而中国技术交易所展示的专利与被成功交易的专利数量之比大约为 10∶1，那么中美专利的平均价格差距还可以再增加一个数量级，即 300 倍。当然，用上述几个专利交易案例来代表中美专利平均价格水平，未免失之精确，但至少可以印证"中美专利平均价格水平相差几十倍至几百倍"的业界说法。

另外，根据美国大学经理人协会《2012 财务年度美国许可活动调查报告》，❶ 受访的 194 家大学和科研单位在 2012 年尚有效的专利许可为 40 007 件，专利许可总收入为 19 亿美元。每家美国科研单位或大学在该年度获得的专利许可费平均为 1000 万美元，每件美国专利的年平均许可收入为 4.8 万美元，这一数字甚至高出了我国专利转让平均价格水平的 2 倍。

（三）我国科研机构和大学专利成本与价格倒挂严重

我国科研机构和大学专利的市场价格水平不仅远低于美国，同时也远远低于我国专利的经济成本，形成了专利成本与价格倒挂问题。

一件专利的成本基本上可以分为三部分：一是专利的申请费用，即权利人为申请专利而向专利局支付的官费以及向专利代理公司支付的代理费，这是每件专利必然产生的成本，对于中国专利而言，每件专利的申请费用大约从 1000～10 000 元；二是专利技术的有形研发成本，即为完成该专利技术而投入的资金、设备、仪器、人力等可以进

---

❶ AUTM, U. S. Licensing Activity Survey HIGHLIGHTS, http://www.autm.net/ FY2012_ Licensing_ Activity_ Survey/12357.htm.

行量化的投入；三是专利技术的无形研发成本，即为完成该专利技术而投入的未能进行量化的知识、技能等。由于无形研发成本不能进行准确的实际量化，所以本课题在以下论述中将不再考虑该成本，但是需要注意的是，在特别情况下，专利的无形成本有可能远远高于专利的有形成本。

同时，对于不同的专利而言，其有形研发成本亦千差万别，有的专利，其有形研发成本可能几近于零，而有的专利，其有形研发成本则可能为几千万、上亿元。为了使复杂问题简单化，可以通过研发投入金额除以专利申请数量之商来估算每件专利申请的平均研发有形成本。

根据国家统计局发布的《2012年国民经济和社会发展统计公报》显示，❶ 2012年我国全年研究与试验发展（R&D）经费支出为10 240亿元，全年共受理国内外专利申请205.1万件，其中国内专利申请191.2万件，国外专利申请13.9万件。将上述研发经费除以国内专利申请数量即可得到每件中国专利申请的平均有形研发成本，即53.56万元。如果再加上1000~10 000元的申请费用，那么，按照此算法，每件中国专利申请的平均成本即为54万元左右。❷ 另外，需要注意的是，上述国内专利申请数量是发明、实用新型、外观设计三种专利的申请数量总和，实际上，对于发明、实用新型、外观设计而言，各种专利申请的平均成本亦有较大差别，为了论述和计算方

---

❶ 2012年国民经济和社会发展统计公报 [EB/OL]. [2013-3-9] http://www. gov.cn/gzdt/2012-02/22/content_ 2073982.htm.

❷ 本文中"中国专利申请的平均成本"，是指中国专利申请费用与专利技术研发成本之和的平均数，而非仅指专利申请费用的平均数。

便、本书不再对其进行具体区分。

根据国家统计局的概念界定，研究与试验发展经费分为基础研究经费、应用研究经费、实验发展经费三类。其中，基础研究指为了获得关于现象和可观察事实的基本原理的新知识（揭示客观事物的本质、运动规律，获得新发现、新学说）而进行的实验性或理论性研究工作，它不以任何专门或特定的应用和使用为目的；应用研究指为了确定基础研究成果的可能用途或为达到预定的目标探索应采取的新方法（原理性）或新途径而进行的创造性研究，应用研究主要针对某一特定的目的或目标；试验发展指利用从基础研究、应用研究和实际经验所获得的现有知识，为产生新的产品、材料和装置，建立新的工艺、系统和服务，以及对已产生和建立的上述各项作实质性的改进而进行的系统性工作。基础研究成果大部分为科学发现，不具有可专利性，因此，在计算我国专利申请的平均成本时应将大部分基础研究经费剔除掉。应用研究和实验发展所获得的科研成果大部分属于可专利性的技术。对这些可专利性的技术，权利人将其中一部分申请了专利，另一部分则可能作为技术秘密加以保护。考虑到市场主体的专利申请策略通常是以专利与技术秘密互相配合的方式保护其研究成果，专利与技术秘密的研究成本难以进行明确区分，因此，虽然本书将全国研发经费的总支出作为中国专利申请的技术研发总成本，但在实际上中国专利申请的技术研发总成本要少于全国研发经费总支出。《2012 年国民经济和社会发展统计公报》未公布 2012 年度基础研究、应用研究、实验发展经费占总研发支出的比重，但国家统计局《2011 年全国科技经费投入统计公报》公布了 2011 年基础研究、应用研究、实验发展经费占总研发支出的比重分别为 4.7%、11.8% 和 83.5%。❶ 如果用 2011 年比照 2012 年的比重，并且综合考虑上述因素，可以估算 2012 年中国专利申请的每件实际平均成本大约在 25 万元至 50 万元之间。

上面所分析的是每件中国专利申请的实际平均成本。但是需要指出的是，并不是每件专利申请都真正具有新颖性、创造性、实用性，任何一个发明人都不能保证其专利申请一定能被授权，更不能保证其专利一定具有商业利用价值。在实际情况中，权利人可能有多个专利申请，但只有其中一部分才真正具有商业价值。在评估一项具有商业价值的专利成本时，我们除了要将该专利本身的成本计算在内之外，是否还应该考虑到那些未被商业使用的相关专利申请的成本呢？笔者认为应该。

事实上，真正具有新颖性、创造性和实用性的专利申请可能不到全部专利申请总量的 1/3；而真正具有商业利用价值的专利申请则应更少。据统计，2011 年中国大学（"211 大学"）专利许可备案数量 865 件，2005～2009 年 5 年间这些大学的专利申请数量为 115 243 件，平均每年 23 049 件，由于 2011 年许可的专利基本上为 2005～2009 年所申请的专利，因此，我国大学在 2011 年的专利申请年化许可备案率为 3.75%。由于我国大学通常不会自己实施其专利技术，也极少向其他单位转让其专利，所以，可以估算我国大学专利申请的实际利用率不会超过 5%，亦

❶ 《2011 年全国科技经费投入统计公报》[EB/OL].［2013-3-9］http://www.stats.gov.cn/tjgb/rdpcgb/qgrdpcgb/t20121025_402845404.htm.

即我国大学每提出 20 件专利申请才有一件具有商业价值，能够获得商业性利用。因此，即使考虑到我国大学专利转化率相对较低，就我国平均情况而言，具有商业利用价值的专利申请占全国专利申请总量的比例亦应不到 10%，亦即我国权利人要想获得一件有真正商业价值的专利，平均需要十件专利申请做支撑。这是一个不以我们意志为转移的客观事实，即使在美欧等国家或地区也是一样，只不过比例可能有所不同而已。

对于专利受让人或使用人而言，他是只获得了一项具有商业利用价值的专利技术；而对于权利人而言，他要研发并获得这项具有商业利用价值的专利技术，需要 10 项专利申请，需要支付十项专利申请的总成本，如果专利权人不能从该项具有商业利用价值的专利获得 10 项专利申请的总成本，那么权利人就会出现经济亏损。这就如同爱迪生为了寻找白炽灯的合适灯丝，做了上千次实验才找到钨丝，我们在计算爱迪生发明成本时，是仅计算一次钨丝实验的成本，还是把这上千次的实验成本都计算在内呢？显然应是后者。同样，对于具有商业价值的专利而言，我们在计算其成本时，亦应考虑到那些没有商业价值的专利申请的成本。由于每件中国专利申请的平均成本在 25 万元至 50 万元之间，而平均每 10 项专利申请中才有一件真正具有市场价值，因此，对于专利申请人而言，其一项具有市场价值的专利的实际平均成本就应在 250 万元至 500 万元之间。当然，这仅是一个平均数，有的具有市场价值的专利的成本可能远高于这一数字，而有的则可能远低于这一数字。

由此，关于中国专利的成本，我们可以得出以下结论：（1）一件中国专利申请的平均成本在 25 万元至 50 万元之间；（2）对发明人而言，一件具有市场价值的中国专利平均成本在 250 万元至 500 万元之间。而如前所分析，我国科研单位或大学具有市场价值的专利转让的平均价格水平仅不到 10 万元，由此可见我国科研单位或大学专利成本与转让价格倒挂之严重。

（四）我国科研机构和大学之间专利利用情况差距显著

我国科研机构和大学专利利用率和市场价格不但总体偏低，同时在专利利用问题上，我国科研机构和大学之间亦存在很大差距，有的科研机构或大学专利利用率很高，而有的则极低。例如：中国电子科技集团公司第三十八研究所、中国船舶重工集团公司第七〇三研究所、中国船舶重工集团公司第七〇二研究所等三个国有企业的研究所的年化专利利用率均超过了 100%，分别达到 121.95%、117.19% 和 106.74%。也就是说这三个研究所的一些专利可能在同一时期被分别许可给了不同的单位，可见其专利技术在市场受欢迎的程度。又如，中国农业科学院植物保护研究所在 2006~2010 年专利申请量为 162 件，年化专利利用率为 30.86%；中国船舶重工集团公司第七一一研究所专利申请量为 215 件，年化利用率为 16.28%；中国林业科学研究院林产化学工业研究所专利申请量为 206 件，年化利用率为 14.56%。上述几家单位均远超过我国科研单位 2012 年平均年化专利利用率 5.48% 的水平。又如，河北工业大学在 2006~2010 年专利申请量为 128 件，年化利用率为 24.82%；南开大学专利申请量为 341 件，年化利用率为 21.43%；合肥工业大学专利申请量为 147 件，年化利用率为 12.27%；中国矿业大学专利申请量为 173 件，年化利用率为 12.20%；南京农业大学专利申请量为 550 件，年化利用率为 11.15%；浙江大学专利申请量甚至达到 2652 件，年化利用率为 8.97%。上述大学亦均远超过我国大学 2012 年平均年化专利利用率 2.66% 的水平。

一些科研单位和大学本身虽具有庞大的专利申请量，但是专利利用情况却远远达不到平均水平。例如，北京交通大学在 2006～2010 年专利申请量为 1446 件，石油大学专利申请量为 1902 件，但这两所大学在 2012 年的专利许可备案数量却为 0；清华大学专利申请量为 7078 件，年化专利利用率仅为 0.42%；北京大学专利申请量为 2398 件，年化专利利用率亦为 0.42%；北京航空航天大学专利申请量为 3952 件，年化专利利用率为 0.13%；中国科学院微电子研究所专利申请量为 1238 件，年化专利利用率为 0.40%。

二、我国科研机构和大学专利利用问题的主要原因分析

（一）对专利制度的目的仍存在模糊认识

人的思想决定人的行动。目前，无论是科研工作者还是科技管理者，仍然有很多同志对专利制度存在一些模糊认识。通过调研，我们发现在科研单位和大学中，与专利转化运用有关的对专利制度存在的模糊认识主要表现在以下几个方面。

第一，认为其技术只要具有领先水平，就可以申请专利，可以获得专利保护。其实，这种观点本身并无大问

题，但关键是很多科研单位和科技人员就此认为其研发工作是最关键、最重要的，而专利申请事务如专利申请文件的撰写则是非常次要、没有任何技术含量的，故对专利申请文件的撰写等专利申请事务不加重视，也不愿意对此投入足够的精力和经费，从而导致专利申请文件质量低下，其发明创造不能被专利权的权利要求所全部覆盖。那么在这种情况下，由于市场是以专利权权利要求所确定的技术保护范围作为评估该专利市场价值的重要依据，这样，该专利的市场价值必然被评估的较低，而科研单位和科技人员则又往往以其技术的创造性高度来评价其技术的价值，从而认为自己技术的价值很高，因此，专利的拥有者和潜在的使用者或购买者则很难达成一致。

第二，认为专利转化运用非常简单，成本很低。我们在调研中发现，很多科研单位、大学以及研究人员不仅不愿意对专利申请事务投入足够的精力和经费，而且更不愿意对专利转化运用投入人力、物力、财力等资源。相当一部分科研单位、大学的管理者和研究人员认为专利转化运用不过是为专利寻找合适的使用者或受让者，并与之撮合进行交易。他们认为这种活动非常简单，基本上不需要多少成本，因此，他们没有意愿为之投入相应人力资源或相关经费，并且在这种认识下，他们也不愿意与转化人员或转化服务单位分享专利转化运用的收益。其实，转化服务单位和转化人员为了达成一项专利转化运用交易，可能需要对数十项或数百项专利技术进行具体分析甚至组合，并与多个潜在客户进行接触、宣讲、沟通和谈判，他们不仅需要具有相关的技术知识，同时还需要具有法律、管理、评估和谈判等知识和技能，而这些都需要巨大的人力资源和经济成本作为支撑。因此，在科研单位或大学的管理者、科技人员对专利转化运用服务工作存在上述模糊认识，不愿意为专利转化服务工作投入相应的人力和财力，且也不愿意与转化服务单位或转化人员分享相应收益的情况下，科研单位或大学的专利则很难转化运用。

第三，认为即使他人存在侵权行为，也不必维权，其专利价值也不会受到影响。通过调研发现，有相当一部分研究所和科研人员称其专利技术有过被他人未经许可而使用的现象；当进一步问及他们是否采取了制止侵权措施时，他们中的绝大多数称未采取相关措施，甚至连口头或书面警告都没有发过。而之所以未采取制止侵权措施，他们除了顾虑到维权成本高且程序复杂之外，还有很多人认为不维权，其专利权还仍然在，不会受到损害，同时，他人未经许可而使用，科研单位虽然未从中得到利益，但其研发的技术得到了应用，也是科研单位对社会做贡献的一种方式。这样的观点反映了我国很多科研单位和科技人员对专利权与物权之间的本质区别还没有正确的认识。物权表现为两个方面，一是权利人对物直接支配的权利，二是权利人享有的对物的排他性权利。并且由于物权客体本身的性质，只要权利人占有物，那么基本上就可以排除他人使用或妨害该物，且物权本身的使用价值也就得到了实现。而专利权本质上则是权利人对受保护技术在一定期限内所享有的排除他人商业性使用的权利。权利人实现专利权的价值，不是靠其掌握或持有专利技术实现的（否则，他就没有必要申请专利并公开该技术），而是靠依法禁止他人使用该专利技术实现的。因此，如果专利权人对侵权行为视而不见，不仅不能从侵权人那里获得合法的利益，同时，其他潜在的希望从权利人那里合法购买使用权的人也很有可能不再寻求专利使用许可，而模仿侵权人走侵权之路。这样，就会导致专利转化运用更加困难。

（二）我国科研财政资助导向尚未完全面向市场

近年来，我国政府加大了科技研发投入力度，对我国赶超世界先进国家科学技术起到了重大而深远的影响。目前，中国政府的财政科研经费已经占到全国研发经费的半数以上。例如，根据国家统计局《2011 年全国科技经费投入统计公报》显示，2011 年我国共投入研究与试验发展（R&D）经费 8687 亿元，其中财政科研经费就达4902.6 亿元，财政科研经费占全国研发经费总额的56.4%，而企业自己支付的科研经费仅占全国研发经费总额的43.6%。由于财政资助的科研项目或研究方向，通常是由提供或管理资金的行政事业单位加以确定，而这些行政事业单位对科技成果的市场需求很难进行准确判断，这样就会导致财政资助的科研项目的研发成果有很多由于没有市场需求而很难进行转移转化。同时，由于大部分财政资助的科研项目是由国有科研单位或大学承担的，因此，科研单位和大学专利转化利用率自然会偏低。

与此同时，上述财政资助科研工作的数据，一方面说明了我国政府对科技研发的高度重视，另一方面也说明了我国企业对科技研发投入的漠视。"春江水暖鸭先知"，在市场经济中"游泳"的企业本应更知晓和重视科技研发对企业发展的重要意义，但是中国企业对科技研发的投入为何反而不如政府积极？中国专利价格偏低是一个重要的理由。而中国专利价格偏低则与国家巨额财政科研经费的投入方式有关。由于我国通常是以科研项目方式将财政科研经费拨付给科研单位、大学或有关企业，该科研项目所产生专利的成本全部来自于国家财政拨款，所以，对于承担该科研项目的科研单位、大学或企业自身而言，这些专利的成本就应为零。因此，对这些专利权人而言，只要专利转让或许可价格高于0元，其本身就可以获利。特别是对于承担国家课题的科研单位和大学而言，由于其本身没有商业性实施专利技术的能力和条件，并且持有专利还需要一定的维护费用，所以，只要第三人给予一定的价格，那么这些科研单位和大学就可能以远远低于成本的价格将专利转让或许可给第三人。

如果上述专利和专利权人在国内所占比重极小，那么尚不会对我国专利平均价格水平构成实质影响。但是，由于我国财政科研经费占全国科研经费总额一半以上，那些对于权利人而言专利成本为零的专利就必然在我国全部专利中占有重要份额甚至主要份额，因此，这些专利必然会大幅拉低我国专利的平均价格水平。同时，由于这些对于权利人而言专利成本为零的专利的大量存在，也极大地降低了专利购买者对于未获财政科研经费资助的专利的价格预期。未获财政科研经费资助的专利持有者如果按照专利成本加合理利润的方式向外报价，其专利很有可能无人问津。所以那些没有能力或条件获得国家财政科研经费的市场主体就基本上只有两条途径可走：一是不做任何科技研发；二是只根据本企业的生产经营需要做研发，科研成果仅用于本企业实施。而对于那些本企业不需要的专利，在大环境下，则通常只能以低于成本的价格向外转让。

同时，这样也会导致恶性循环，由于专利转让或许可价格严重偏低，获得财政资助的科研单位和大学也会丧失转化运用专利的兴趣，并进而将有限的资源进一步集中在申请国家科研经费之上。

（三）我国科研机构和大学专利转化运用仍然存在制度性障碍

在《促进科技成果转化法》修改之前，我国科研单位和大学转化运用专利的最主要制度障碍就是国家财政部门对科研事业单位知识产权的管理方式简单僵化，采取了与有形财产相同的管理模式，导致科研单位和大学转化利用专利缺乏灵活性和积极性。主要表现是科研单位或大学处置、使用知识产权程序烦琐，容易丧失知识产权利用的时机，知识产权处置收益需要全部上缴国库，导致科研机构或大学丧失知识产权运用的动力。

（四）我国专利保护实际水平尚较低

科技成果的产业化运用，离不开严格的知识产权保护，特别是专利保护。在市场经济环境下，只有对专利侵权行为进行及时制止和惩戒，真正具有市场价值的科技成果的拥有者才能够放心地向知识产权局申请专利，寻求专利保护，进而与他人合作对该科技成果进行产业化；同时，也只有在严格的专利保护环境之下，投资者才有信心对专利技术进行产业化投资。

改革开放三十多年来，我国包括专利制度在内的知识产权法律制度已经基本健全。但是知识产权法律制度的健全并不代表我们就实现了较高水平的知识产权保护。而且"徒法不足以自行"，健全的法律制度还需要正确地实施，才能确保法律制定目标的实现。虽然我国知识产权保护的实际水平一直在不断提高，但是仍然与市场的实际需要具有一定差距。特别是对科技成果转化运用而言，我国当前存在的一个主要问题就是专利侵权赔偿数额过低。

专利权是权利人所拥有的在一定期限内禁止他人使用其专利技术的权利。国家虽然不能保证专利申请人在获得专利授权后就一定能够取得商业上的成功，但是国家必须保证在专利有效期内第三人不得未经许可而使用该专利技术。唯有如此，专利权对于权利人和其他合法使用者而言才能具有真正的商业价值。如果国家不能对专利权给予有效保护，那么专利技术使用者除非还希望获得权利人的非专利信息或技术支持，否则不会向专利权人支付合理的价格。

对于专利侵权案件中被侵权的专利而言，由于该专利技术已经被侵权者进行了商业性利用，因此，可以确切地认为其具有市场价值；同时，专利侵权案件通常要走完民事一审、专利复审委专利无效程序、行政一审、行政二审、民事二审5个程序，才能最终确定该专利有效并给予侵权赔偿，因此，最终涉及侵权赔偿问题的专利，必然是具备市场价值并真正有效的专利。根据笔者有关专利成本分析，一件具有市场价值的中国专利平均成本在250万元至500万元之间，因此，只有我国司法机关裁定的专利侵权赔偿数额平均每件在250万元至500万元之时，权利人才能收回其所支付的专利成本；否则，如果平均每件专利的侵权赔偿数额低于250万元，对我国权利人整体而言，则收益小于成本，亦即处于亏损状态。

虽然我国法院在极个别案件中给出过亿元赔偿的判

决，但是就通常情况而言，根据有关部门的调查，我国法院所判决的专利侵权赔偿数额一般是在 10 万元左右。正是由于 10 万元与 250 万元的巨大差距，所以才导致了我国专利权价值的严重低估。由于我国专利侵权的成本过低，加之专利侵权行为本身难以被权利人发现和证明，即使权利人经过千辛万苦证明了被告行为构成专利侵权，原告所获得的也仅是区区 10 万元左右的侵权赔偿，远远不足弥补专利权人所投入的成本，那么在这样的环境下，我国市场主体从自身利益出发，自然更倾向于先侵权后付费，尽可能地"山寨"他人技术，而不愿投入经费进行创新。科研机构和大学的专利自然也就很难转让或许可出去。

因此，为了提升我国专利价格水平，促进科技研发和科技成果转化利用，我们应进一步加大知识产权特别是专利保护力度，从根本上保障我国专利价值的实现。2014 年年底，中国相继在北京、上海和广州成立了三个知识产权法院，这一举措凸显了中国政府进一步提升知识产权保护水平的决心。针对目前知识产权侵权成本低、侵权行为屡禁不止的问题，北京市知识产权法院宿迟院长在接受记者采访时曾明确表示："要让侵权人赔到不敢再侵权，让权利人能够得到合理的充分的赔偿。"另外，专利保护虽然主要是专利法考虑的内容，但《促进科技成果转化法》亦应关注科技成果转化过程中的专利保护，比如提供科技成果转化纠纷的调解、仲裁等服务，对科技成果转化过程中的专利保护提供一定的帮扶措施，等等。

（五）科研机构和大学内部专利转化驱动力尚不足

近年来，国家、相关部委和地方政府相继出台了一系列促进科技成果及其知识产权转移转化的具体措施，并且起到了一定的积极效果。但是，与此同时，我们还应看到这些措施均是从外部对科研单位和大学知识产权转移转化工作进行推动和促进，而"外因是事物发展的必要条件，内因是事物发展的根本原因"，科研机构转移转化知识产权除了需要良好的外部环境之外，更需要科研机构具有转移转化知识产权的内生驱动力。我们通过走访一些科研单位发现，目前我国科研机构和大学之所以存在知识产权转化率不高、收益不明显的问题，除了国家知识产权保护与转化的大环境、政策等方面的原因之外，科研机构内部知识产权转化动力不足也是转化率低的一个关键原因。

在科研机构或大学内部，涉及知识产权转化的人员主要可以分为 3 类，分别是单位领导、科研人员和转化人员。而目前大部分科研机构或大学的这 3 类人员均缺乏知识产权转化的强烈意愿，转化运用专利的内生动力严重不足，科研机构和大学知识产权转化率自然不高。

首先，对单位领导而言，专利转化运用工作的好坏与其切身利益关涉不大。无论是根据《专利法》还是根据《促进科技成果转化法》，对职务科技成果的奖励和报酬均是针对发明创造人以及转化人员。而对大多数职务科技成果而言，单位领导往往不是发明创造人，因此，他们不能作为发明创造人而从中获得经济利益；同时，由于单位领导本身就对职务科技成果转化负有领导责任，或者是其本职工作内容之一部分，加之考虑到各种社会影响，虽然有的单位领导为职务科技成果转化作出了很具体、很重要的贡献，但是单位领导也往往不会或不能作为转化人员而从中获得奖励或报酬。另外，对于单位利益而言，根据

《促进科技成果转化法》修改之前的财政部的相关规定，对知识产权进行转让、投资入股等处置后所获得的纯收入，应该上缴国库，单位如果严格依照上述规定执行则基本上不会获得多少收益。由此可见，无论于公于私，单位领导均不能从知识产权转化运用中获得大的收益。而与此同时，在实践中，由于我国对科研单位和大学知识产权转化运用制度不完善、不尽科学，单位转化科技成果并期望从中获取对自身发展非常重要的科研经费补偿时，单位往往需要在财务上、流程上打一些擦边球，甚至发生一些违规行为，另外，在职务科技成果转化过程中，具体经办人员以及合作方也有可能发生单位领导不能知晓或不能控制的违规行为，而对上述这些行为以及相关风险，单位领导都需要承担"一岗双责"的责任。正是由于上述原因，在科研单位和大学专利转化运用过程中，相当多的求"稳"领导往往会非常慎重。根据我们的调研，甚至出现过有的单位领导由于担心"出事"而禁止一项具有明确市场需求且国际领先的技术进行转移转化的案例。

其次，对科研人员而言，专利转化运用工作的性价比远远低于科研工作本身。我们通过调研发现，科研机构和大学的绝大部分科研人员的绝大部分科研经费仍然是来自于国家财政资助，并且随着国家对科研工作的重视，每个财政资助的科研项目经费动辄几百万、几千万甚至几亿元，而专利转化运用本身的收益在目前相对于科研经费而言则又相差悬殊，因此，科研人员虽然希望自己研发的科技成果被转化运用，也希望从职务科技成果转化运用中获得一定的奖励报酬，但是，相较而言，科研人员看重的应该更是如何获取国家科研项目和科研经费。同时，对于科研人员而言，他们更重视学术成就和学术声望，虽然他们也希望从科技成果中获取经济利益，但是在二者发生冲突时，绝大多数科研人员还是会选择学术研究的。所以，除了极少数希望到市场中"游泳"转化科技成果的科研人员之外，绝大多数科研人员是不会将大部分时间、精力以及其他资源用于专利转化运用工作之上的。而不投入时间、精力以及必要的经费，科研人员要成功实现其专利的转化运用，几乎是不可能的。

最后，对单位转化人员而言，他们也没有充分的动力积极推动专利转化运用工作。对于科研机构和大学而言，单位转化人员通常是科研部门或知识产权管理部门的工作人员，他们的主要职责是科研工作管理或知识产权管理，并且绝大部分科研机构和大学的这些部门的人员编制较少，专利转化运用工作通常是由该部门的某位或某几位员工兼做，很少有单位设立专职转化工作岗位，而且即使设立专职转化工作岗位，那么该岗位人员编制数量也极有限。而如前文所述，做好专利转化运用工作，不仅需要大量复杂、琐碎的工作投入，而且也需要转化人员具有宽广丰富的相关工作知识、技能和经验。在单位转化人员数量很少的情况下，做好转化工作就需要转化人员作出极大的额外付出。但是目前，无论是社会还是单位还远远没有认识到转化人员的付出和价值，转化人员的工作没有得到应有的认可，他们也没有获得相应的回报。例如，我国《专利法》仅是规定了发明创造人对其发明创造所享有的奖励报酬权益，而根本没有考虑到转化人员对职务发明创造转化利用所作出的贡献。我国《促进科技成果转化法》虽然考虑到了转化人员对职务科技成果转化所作出的贡献，规定职务科技成果在转化后，单位应对科技成果完成人和为转化工作作出重要贡献的人给予奖励，但是在实际执行过程中，一些法规和规章制度往往仅仅关注给予研发人员的奖励，而忽略对转化人员的奖励。例如，2014 年年底湖北省颁布的《促进高校、院所科技成果转化暂行办法》就明确规定：高校、院所研发团队在鄂实施科技成果转化、转让的收益，其所得不得低于 70%，最高可达 99%，但却未提到对转化人员应如何给予奖励。同时，根据我们调研，绝大多数被调查的科研单位的转化人员没有从本单位获得过因成果转化而给予的奖励。甚至某家国内很知名的转化工作比较好的研究所的知识产权管理人员也确认，虽然该单位转化人员为转化工作作出了创造性贡献，也取得了很好的经济效益，但该单位确实没有对转化人员给予奖励的规定，也没有这方面的实践。因此，在做好转化工作需要转化人员付出额外的大量努力且单位未给予转化人员应有的激励的情况下，单位转化人员往往缺乏进行专利转化的积极性，甚至有的转化人员认为单位转化事务越少越好。

第三章

科技成果转化与国有资产管理

本次修改《促进科技成果转化法》的一项重要内容就是解决科研机构或大学转化科技成果或运用知识产权过程中的国有资产管理问题。国有企业的科技成果及其知识产权权属、运营等管理问题，可以通过《企业国有资产法》解决。关于国有科研事业单位和高校的科技成果及其知识产权管理权限问题，由于在《促进科技成果转化法》修改之前财政部国有资产相关管理办法未将有形财产（包括其他货币性资产）和科技成果及其知识产权进行区别对待，严重阻滞了国有科研单位和高校科技成果转化工作。因此，新《促进科技成果转化法》的一大亮点就是打破科研事业单位科技成果转化和知识产权运用的主要体制障碍，以促进科技成果及其知识产权更顺畅地向市场转化。

一、国有企业财产法律性质辨析

我国科研机构科技成果转化和知识产权运用之所以存在制度性障碍，与我国尚未形成清晰的科研机构财产权理论密切相关。《中华人民共和国科技进步法》（以下简称《科技进步法》）第 20 条第 1 款规定："利用财政性资金设立的科学技术基金项目或者科学技术计划项目所形成的发明专利权计算机软件著作权、集成电路布图设计专有权和植物新品种权，除涉及国家安全、国家利益和重大社会公共利益的外，授权项目承担者依法取得。"因此，一些科研机构的负责人经常会问：既然《科技进步法》已经规定科研机构研发成果的知识产权由科研机构取得，那么科研机构转化运用知识产权为何还要层层审批，科研机构对其科技成果知识产权所拥有的到底是所有权，还是仅仅拥有占有使用权？其实，对与科研机构知识产权是所有权还是占有使用权相类似的问题，早在 20 世纪 80 年代国有企业的经营者就一直在思考和追问。同时，20 世纪八九十年代我国理论界对于国有企业对其财产所享有的是使用权、经营权还是所有权，国家对国有企业财产是否拥有所有权等问题也一直在进行激烈争论。梳理国有企业财产权理论发展脉络，对于解决科研机构知识产权法律性质问题具有借鉴意义。

20 世纪 80 年代，由于我国社会主义市场经济体制尚未形成，计划经济思想仍然根深蒂固，所以我国法律学者对国有企业财产法律性质的认识仍带有计划经济色彩。李开国（1982）认为国家应对国有企业财产拥有所有权，国有企业对企业财产享有用益权，包括依法占有、使用、处分的权利。❶ 崔勤之认为国有企业对其财产享有经营管理权，而这种经营管理权是一种类似物权性质的新型财产权。"财产权是指具有经济内容的权利。经营管理权是国营企业对其财产所享有的权利，它具有经济内容，因而国营企业的经营管理权是财产权。这种财产权又具有物权的某些特征。物权是对物直接管领并排除他人干涉的权利。国营企业的经营管理权具有类似物权的性质主要表现在：国营企业经营管理权的标的是国家拨给的一部分国家财产，也就是说这种权利的标的是物、是财产，国营企业享有经营管理权，可以在法定范围内对其财产直接行使占有、使用、处分的权利，并可以向第三人直接主张这种权利。"❷ 可见在20世纪80年代，我国学者普遍认为国家对国有企业财产享有所有权，而企业对其财产享有占有、使用和依法处分的所谓"两项半"权利。❸

随着我国改革开放的深入，特别是邓小平"南方谈话"之后，我国对社会主义市场经济从实践到理论都有了更清晰的认识。为了建立现代企业制度，我国理论界思想进一步开放，在总结经济实践做法的基础上，经过深入反思，逐渐认识到在社会主义市场经济中，国有企业对其财产就应该拥有包括占有、使用、处分、收益全部权能的所有权，而国家对国有企业所享有的是出资者权利。孔祥俊

---

❶ 李开国. 国营企业财产性质探讨 [J]. 法学研究，1982，（2）：34-38.

❷ 崔勤之. 国营企业经营管理权是新型的财产权 [J]. 现代法学，1984，（1）：53-55.

❸ 熊继宁. 走出企业"法人财产权的认识误区"——兼评"法人所有权"和"企业经营权" [J]. 中国法学，1995（2）：68-75.

认为我国企业财产权理论的走向从企业经营权、法人财产权最终到法人所有权是我国市场经济发展的必然选择，并认为肯定法人所有权理论的意义主要有三：能够实现法律关系明晰化，国有企业对其财产享有所有权，能够保障企业处分财产的行为不再受种种不透明的和不必要的约束，消除经营权让渡上的种种模糊性，确保市场交易安全；使出资者（股东）的有限责任和法人的独立人格立于坚实的财产基础之上，国家不必对企业经营行为承担无限责任；使企业财产权的性质名实相符、实至名归，使法律概念和制度科学化。❶

在制度实践上，全国人大常委会于 2008 年通过的《企业国有资产法》充分吸收了学界关于国有企业财产权理论的研究成果，明确了国家对企业的权利和企业对其财产所享有的权利。《企业国有资产法》第 2 条规定，企业国有资产是指"国家对企业各种形式的出资所形成的权益"。由此可见，所谓"企业国有资产"并非指国家对企业所投入具体财产的所有权，而是指由于国家投入给企业具体财产所形成的对企业的权益，这种对企业的权益实质上就是出资者权利。所以，国家对企业国有资产所拥有的权利本质上是一种出资者权利。同时，《企业国有资产法》第 16 条规定："国家出资企业对其动产、不动产和其他财产依照法律、行政法规以及企业章程享有占有、使用、收益和处分的权利。"而根据《民法通则》第 71 条的规定，"财产所有权是指所有人依法对自己的财产享有

---

❶ 孔祥俊. 企业法人财产权研究——从经营权、法人财产权到法人所有权的必然走向［J］. 中国人民大学学报，1996（2）：52-60.

占有、使用、收益和处分的权利"。《物权法》第 39 条亦规定，所有权就是所有权人对自己的不动产或者动产，依法享有的占有、使用、收益和处分的权利。由此可见，《企业国有资产法》第 16 条规定国有出资企业对其财产享有占有、使用、收益和处分的权利，就是规定国有出资企业对其财产享有所有权。

当然，由于国有企业，特别是国有独资企业与国家的紧密联系，国家亦有可能需要通过有偿或无偿形式将其他国有资产划归国有企业使用，但并不将该部分国有资产作为企业本身所有的财产。那么，在这种情况下，企业对该部分国有资产仅享有占有、使用权，但并无所有权，如企业要对该部分资产进行处置，需要获得出资者的授权。但是，无论如何，作为企业所有的、由国家出资的资产与企业仅享有占有使用权的国有资产，二者是能够在企业中进行清楚划分的，在处置时也不会产生操作上的困难。

二、科研事业机构财产的法律性质

我国理论界尚未对科研事业单位财产的法律性质进行深入讨论。我们在中国知网以"企业"和"财产权"作为篇名检索词进行检索，共检索到相关文献 261 篇，而分别以"事业单位"和"财产权""科研机构"和"财产权"作为篇名检索词进行检索，检索到的相关文献均为零篇，可见我国科研机构财产权问题研究的匮乏。

在法律制度方面，《教育法》第 31 条规定："学校及其他教育机构具备法人条件的，自批准设立或者登记注册之日起取得法人资格。学校及其他教育机构在民事活动中依法享有民事权利，承担民事责任。学校及其他教育机构中的国有资产属于国家所有。"《高等教育法》第 38 条规定："高等学校对举办者提供的财产、国家财政性资助、受捐赠财产依法自主管理和使用。高等学校不得将用于教学和科学研究活动的财产挪作他用。"由此可见，高等学校对国家配置给其的国有资产只享有管理权和使用权，国家对该资产享有所有权；而高等学校对国家财政性资助、受捐助所得财产以及通过运用上述财产所获得其他财产，是享有所有权，还是也仅享有占有、使用权，法律则没有进行明确规定，因此，对这部分财产的权属问题，尚存争议。

当然，上述规定仅是对高等学校而言。由于我国目前并无科研事业单位组织法或其他相关法律，所以很难从法律这一层面对科研事业单位财产属性进行讨论。至此，在法律缺失的情况下，财政部通过部门规章对事业单位国有财产的性质进行了界定。财政部《事业单位国有资产管理暂行办法》第 3 条规定："本办法所称的事业单位国有资产，是指事业单位占有、使用的，依法确认为国家所有，能以货币计量的各种经济资源的总称，即事业单位的国有（公共）财产。事业单位国有资产包括国家拨给事业单位的资产，事业单位按照国家规定运用国有资产组织收入形成的资产，以及接受捐赠和其他经法律确认为国家所有的资产，其表现形式为流动资产、固定资产、无形资产和对外投资等。"该办法第 5 条规定："事业单位国有资产实行国家统一所有，政府分级监管，单位占有、使用的管理体制。"由此，根据财政部的该暂行办法，不仅国家配置给事业单位的国有资产应属"国家统一所有"，而且事业单位受捐助的和通过运营所获得的财产也均属"国家统一所有"，事业单位对这些财产仅享有占有、使用之权。

综合上述分析，可以看出法律及有关部门规章对科研机构和高等院校财产权问题的基本态度是：国家对科研机构和高等院校的财产直接拥有所有权，而科研机构和高等院校对该财产仅享有占有、使用权。客观而言，对有形财产来说，上述法律和部门规章的规定是合理且必要的。这是因为包括科研机构和高等院校在内的事业单位的有形财产，是事业单位完成其事业目标的物质基础，这些有形财产的自然存在，如土地、房屋、仪器、设备的存在，通常就能自动地实现其应有的使用价值，进而帮助事业单位完成其事业目标。因此，一般而言，国家对事业单位有形财产设定的管理制度越严格、越严密，就越能防止事业单位有形财产的流失。所以，国家对配置给事业单位的有形财产仅授予其占有、使用之权，而保留所有权，并对该财产的转让、作价投资和对外出租等行为设置极为严格的审批管理程序，对于防止国有资产流失、确保事业单位达到其事业目标，均具有重要意义。

另外，还需注意的是，目前无论是科研机构有形财产，还是专利权、软件著作权等知识产权，其权利证书上权利人一栏登记的通常是科研机构，而并未将权利人登记为"国家"，或代表国家的"政府"或"财政部门"。这一情况也说明了我国理论界和实务界对科研机构财产法律性质的认识确实存在混乱现象。

三、科研机构知识产权与有形财产的区别

虽然知识产权和有形财产同属科研机构的重要资产，

但是由于二者之间固有属性不同，存在本质差别。因此，无论在法律属性上还是在具体管理上，均不宜将科研机构的知识产权与有形财产同等对待。从知识产权转移运用角度而言，科研机构知识产权与有形财产的区别主要有以下几点。

第一，科研机构知识产权与有形财产的来源不同。科研机构的有形财产，大部分是国家根据该事业单位的事业目标性质而由国家配置的，也就是说科研机构的大部分有形财产来自于国家。所以，从这一点而言，由国家享有对该有形财产的所有权，而科研机构对该有形财产仅享有占有、使用权，是合理的。而科研机构的知识产权，则绝大部分是由科研机构的干部职工创造的，属于单位的职务发明创造。因此，让科研机构对该知识产权拥有所有权或更大、更灵活的处置权，符合我们一般的财产法理念。

第二，科研机构知识产权与有形财产的价值实现方式不同。如前所述，科研机构的有形财产，是事业单位完成其事业目标的物质基础，该有形财产本身的存在，通常就能够自动地帮助科研机构完成其事业目标。反之，如果该有形财产被转移给其他市场主体或者灭失，往往会妨碍科研机构事业目标的实现。所以，需要对科研机构有形财产设定极为严格的管理制度，原则上要禁止科研机构对外转让、出租或作价投资其有形财产。如果规定国家对配置给科研机构的有形财产仍享有所有权，那么就能从法律上防止科研机构任意处分其有形财产，从而从根本上避免国有资产流失，确保科研机构完成其事业目标。但是，对知识产权而言，科研机构与企业不同，企业可以自己生产制造并销售知识产权产品，并依靠其知识产权在法定期限内禁止其他市场主体经营同样的产品，从而能够从其知识产权中直接获得竞争优势和市场利益；而科研机构本身通常不具备生产、制造或市场经营能力，因此，虽然科研机构可以根据其知识产权禁止其他市场主体生产、制造或经营该知识产权产品，但是由于科研机构在市场上没有相关产品，所以科研机构并不能从中直接获得市场利益。因此，科研机构的知识产权只能以许可使用、转让、作价投资等形式实现其市场价值。所以，科研机构仅仅确保其知识产权有效存在，并无助于其事业目标的实现。科研机构只有积极而灵活地利用或处置其知识产权，才能真正实现其知识产权的价值，并从知识产权中获得经济回报，反哺其科研机构事业的发展；反之，如果科研机构知识产权未以许可使用、转让、作价投资等形式进行利用，那么科研机构的知识产权就是一堆废纸，甚至是负资产，因为还要按期缴纳专利年费等费用。

第三，科研机构知识产权与有形财产的价格形成机制不同。目前，对有形财产的价格已经有成熟的理论和方法进行比较准确的评估，并且有形财产的价格在较长一段时期内针对不同的购买者能够保持基本不变。比如一栋房屋，2013 年的评估价格为 100 万元，那么无论是甲在2013 年购买，还是乙在 2014 年购买，其购买价格通常不会有太大出入，如无极端情况，购买价格一般不会有超过一倍以上的变化幅度。而对知识产权价格的评估，在国际上亦无比较公认的基本准确的评估理论和评估方法。客观地说，由于知识产权自身的特性，知识产权的价格根本就不能被准确评估，因此，在实践上，同样一项知识产权同时被不同的专业人员评估，其价格就有可能相差几十倍甚至几百倍。同时，知识产权的价格针对不同的购买者和不同的时期均有可能发生巨大改变。例如，对于一件甲愿意出价 100 万元购买的专利，我们普通人可能 10 万元都不愿意购买，而对于一件甲愿意出价 100 万元购买的房屋，如果 80 万卖给我们普通人，我们则通常会购买；同时，对于同一件专利，甲在 2013 年可能愿意出价 100 万元，但到了 2014 年可能 10 万元就不会购买，当然，也有可能愿意将购买价格调高到 1000 万元。因此，知识产权的价格通常是权利人与使用者或购买者根据交易时的各种情况而确定的，其价值主要体现在市场谈判和诉讼之中，故此，为了最大化地实现知识产权的价值，知识产权权利人需要根据与对方的谈判情况适时作出有效的市场决策。

四、科研机构知识产权运用的制度障碍

由于在理论上我国对科研机构财产法律性质的认识尚不清晰，在实践上我国有关部门也未充分考虑知识产权的特殊性而未对科研机构知识产权与有形财产进行区别对待，故此导致了科研机构在转化运用知识产权时面临着巨大制度障碍。这些制度障碍主要表现在以下三个方面。

第一，复杂的知识产权转化运用审批制度使科研机构丧失市场机会。当前我国科研机构进行资产管理的制度依据主要是《事业单位国有资产管理暂行办法》《中央级事业单位国有资产管理暂行办法》《中央级事业单位国有资产处置管理暂行办法》《中央级事业单位国有资产使用管理暂行办法》等四部规章。根据上述规章，科研机构转化运用知识产权，在与受让方或使用方达成一致后，还需经

过以下步骤才能与对方当事人签订合作协议：一是科研机构准备相关申请材料，并向其主管部门申报；二是主管部门对科研机构的申请材料进行合规性、真实性等审核后报财政部门审批；三是财政部门对主管部门报送的审核材料进行审查并作出批复；四是科研机构根据财政部门的批复，委托具有资产评估资质的评估机构对国有资产进行评估，评估结果报财政部门或主管部门备案，且评估结果按照国家有关规定须经核准的，还须报财政部门核准。上述每个步骤均需要一定的时间，几个步骤加在一起至少需要几个月的时间，在实践中有的审批案例甚至用了数年时间。在科技发展日新月异、科技产品更新频繁的今天，即使科研机构有耐心走完上述审批步骤，但知识产权的受让方或使用方则很难对这样漫长的、复杂的且结果难以预料的审批程序进行等待，进而使科研机构丧失有利的市场机会。同时，由于上述审批程序的存在，也会使科研机构在知识产权转化运用谈判中心存顾虑，不利于科研机构在谈判中实现知识产权的最大价值。

　　第二，不科学的知识产权评估制度无端增加了科研机构知识产权转化运用的成本。《事业单位国有资产管理暂行办法》和有关规章规定，事业单位转让、拍卖其资产或以非货币性资产对外投资，应当委托具有资产评估资质的评估机构进行资产评估，且评估结果需报主管部门和财政部门备案或核准。主管部门和财政部门备案或核准的评估价格应作为拟转让、拍卖资产的市场竞价的参考依据，如果意向交易价格低于评估结果90%的，应当按规定权限报财政部门或主管部门重新确认后才能交易。显然，上述资产评估制度，对于有效避免事业单位有形财产流失具有重要意义。但由于该资产评估制度也被用于科研机构知识产权转化运用活动之中，则产生了较大问题。如前所述，知识产权的价格在不同的时间针对不同的购买者均有可能发生巨大变化，知识产权的价格根本就不能被准确评估，因此，在实践中，资产评估机构通常通过参考知识产权的意向交易价格来确定知识产权的评估价格。所以，在科研机构知识产权转化运用活动中，资产评估机构的知识产权评估，无论对于科研机构的市场交易而言，还是对于财政部门或主管部门的监督而言，基本上是没有任何实际意义的。而资产评估机构的评估费用却不菲，每件知识产权评估费用的起步价通常在 1 万元左右。这样，这种没有实际意义的知识产权评估就有可能给科研机构转化运用知识产权造成沉重经济负担。例如，某科研机构曾拟集中上市拍卖 300 件专利，为此需要在正式拍卖前向资产评估机构支付 300 余万元知识产权评估费用，但拍卖会只拍卖出了十余件专利，交易金额不足 200 万元，该科研机构拍卖专利实际所得尚不足以弥补其所支出的评估成本。

第三，利益分享制度不利于发挥科研机构知识产权转化运用的积极性。科研机构的绝大部分有形财产是国家财政出资购置或配置的，因此，科研机构在处置、变卖其有形财产后所形成的收入，自然应该上交国库归国家所有，而不应归属科研机构所有。同时，由于我国现行事业财产管理制度将科研机构的知识产权等同于有形财产进行管理，因此，按照上述思路，亦认为科研机构知识产权的处置收益应属国家所有，而不应留归科研机构所有。例如，《中央级事业单位国有资产处置管理暂行办法》第 33 条规定："中央级事业单位国有资产处置收入，在扣除相关税金、评估费、拍卖佣金等费用后，按照政府非税收入管理和财政国库收缴管理的规定上缴中央国库，实行"收支两条线"管理。土地使用权转让收益，按照《财政部关于将中央单位土地收益纳入预算管理的通知》规定，上缴中央国库，实行'收支两条线'管理。出售实物资产和无形资产收入、置换差价收入、报废报损残值变价收入、保险理赔收入等上缴中央国库，实行'收支两条线'管理。科技成果转化（转让）收入，按照《国务院办公厅转发科技部等部门关于促进科技成果转化若干规定的通知》的有关规定，在扣除奖励资金后上缴中央国库。"而如上述分析，科研机构有形财产和知识产权的来源是有本质区别的，科研机构的绝大部分有形财产来自于国家购置或配置，而其知识产权则是单位的科研人员创造的，属于职务发明创造。国家购置或配置的有形财产在处置后，其收入属于国家所有，自然无可厚非；而科研机构或大学职工所作出的发明创造及其知识产权在处置后所获得收益如果全部归属国家则会严重打击科研机构、大学及其科研人员处置其知识产权的积极性。同时，由于《促进科技成果转化法》和《专利法》所规定的奖励仅限于职务科技成果的发明人和为转化作出重要贡献的人，而科研机构为了进行知识产权处置需要进行复杂的审批，科研机构负责人需要为此承担较大的政治风险且本人和单位均不能从中获得经济利益，那么在这种情况下，科研机构负责人就很难有积极性进行知识产权处置运用，有的科研机构负责人甚至会因此而阻碍本单位知识产权的处置运用。

五、处置权、收益权下放试点及影响

为了促进中关村自主创新示范区事业单位的科技成果转化，2011 年财政部颁布了《关于在中关村国家自主创新示范区进行中央级事业单位科技成果处置权改革试点的通知》（财教〔2011〕18 号）。根据该通知，一次性处置单位价值或批量价值在 800 万元以下的国有资产，其审批程序由主管部门审批，变为由所在单位按照有关规定自主进行处置，并于 1 个月内将处置结果报财政部备案。在收益权方面，按照《关于在中关村国家自主创新示范区开展中央级事业单位科技成果收益权管理改革试点的意见》（财教〔2011〕127 号）的规定，试点单位的科技成果产权转让收益、利用科技成果对外投资形成的股权（权益）进行初次处置产生的收益，应上缴中央国库的资金，不再全部上缴国库，而调整为分段按比例留归单位和上缴中央国库，留归单位的纳入单位预算统筹用于科研及相关技术转移工作。在前期试点基础上，经国务院同意，2013 年将科技成果处置权、收益权改革试点范围进一步扩大到武汉东湖、上海张江国家自主创新示范区和安徽合芜蚌自主创新综合试验区，试点时间也延长至 2015 年年底。2014年 10 月，为了进一步迸发科研事业单位转化科技成果的积极性，财政部、科技部、国家知识产权局联合下发了《关于开展深化中央级事业单位科技成果使用、处置和收益管理改革试点的通知》，该通知规定："试点单位可以自主决定对其持有的科技成果采取转让、许可、作价入股等方式开展转移转化活动，试点单位主管部门和财政部门对科技成果的使用、处置和收益分配不再审批或备案。""试点单位科技成果转移转化所获得的收入全部留归单位，纳入单位预算，实行统一管理，处置收入不上缴国库。"

需要说明的是，虽然国家有关部门做了上述试点，但是与我国转化科技成果的现实需要相比，仍然做地还很不到位。笔者认为，至少还应从以下四个方面做起。

第一，加强理论研究，正确认识科研机构知识产权运用与国有资产流失的关系，完善科研机构财产权法律制度。要做好科研机构知识产权转化运用工作，首先，需要认真研究科研机构财产权理论，对科研机构财产的法律性质形成合理且统一的认识，进而着手建立和完善我国科研机构财产管理的相关法律制度。其次，需要正确认识知识产权转化运用与国有财产流失之间的关系。"意识决定行动"。当前，有关部门之所以仍然希望对科研机构转化运用知识产权设置层层审批程序，实际上并非因为部门利益或个人利益，而主要是担心国有资产流失。对于该问题，我们需要认识到：知识产权放在科研机构手里，并不能自动地创造市场价值；科研机构只有将知识产权真正转化运用出去，国有资产的价值才能真正实现；如果科研机构的知识产权在合适的时机本来可以卖到一个高价，但由于复杂审批机制的延宕而仅能低价卖出甚至无人问津，这种结果本身实际上也是国有资产的变相流失。

第二，对科研机构知识产权与有形财产区别对待，授予科研机构运用知识产权的自主权。与有形财产不同，知识产权转化运用具有极强的技术性、专业性和复杂性，财政部门或主管部门很难对科研机构知识产权转化运用的行为进行实质审查，在实践中财政部门或主管部门所进行的审查通常也仅仅是简单的形式审查，因此，保留财政部门或主管部门对科研机构知识产权转化运用的审批程序，其必要性、合理性确实值得商榷。所以，为了促进科研机构转化运用知识产权，首先需要废除知识产权转化运用的审批制度。目前，一些地方已经充分意识到科技成果转化的体制性问题，并颁布了一些规章制度力图打破这个障碍。与此同时，2013 年年底国务院法制办公室将科技部起草并报国务院审议的《中华人民共和国促进科技成果转化法（修订草案）》（送审稿）及其说明进行全文公布，征求社会各界意见。该送审稿规定："科研机构、高等学校对其依法取得的科技成果，可以自主决定转让、许可和投资，通过协议定价、在技术市场挂牌交易等方式确定价格"。我们认为除了上述规定之外，还应取消科研机构知识产权转化运用之前的外部知识产权评估程序，以有效降低科研机构知识产权转化运用的成本。当然，给予科研机构知识产权转化运用的自主权，并不意味着财政部门和主管部门就对科研机构完全放手不管。财政部门和主管部门还可以通过备案审查等形式对科研机构知识产权转化运用行为进行事后监督，以防止国有资产流失。

第三，建立合理的科研机构知识产权运用的利益分享机制。科研机构知识产权转化运用的利益分享机制分为两个层次：一是国家、科研机构、单位职工（研发人员和转化人员）三方面对知识产权转化运用总收益的利益分配问题。根据相关法律规章，对知识产权转化运用的总收益，应首先对单位职工进行奖励，剩余收益再在国家与科研机构之间进行分配。而如上所述，根据相关部门规章，科研机构只能获得小部分转化收益，在有的情况下甚至不能获得转化收益。这样就会严重挫伤科研机构转化运用知识产权的积极性。因此，需要重新调整国家、科研机构和单位职工三者之间的利益分享方式，明确科研机构有权获得转化收益，并应在利益分配时适当向科研机构倾斜，以增强科研机构的知识产权创造与运用能力，形成良性循环。二是单位职工之间的利益分配。《促进科技成果转化法》规定单位在转化科技成果后，应对科技成果完成人和为转化做出重要贡献的人给予奖励。而无论是国家有关部门制定的有关规章，还是科研机构制定的相关奖励规定，均有意无意地忽视了转化人员应得的奖励。其实，做好知识产权转化运用工作，不仅需要大量复杂、琐碎的工作投入，而且也需要转化人员具有宽广丰富的相关工作知识、技能和经验。目前，科研机构转化人员数量通常很少，甚至有很多是属于兼职工作，在这种情况下，做好转化工作就需要转化人员作出极大的额外付出。如果不对转化工作的价值给予应有的认可，不给予转化人员应有的经济激励，那么转化人员往往会丧失工作动力。因此，为了有效促进科研机构知识产权转化运用工作，亦需建立合理的转化利益分配机制，确保科研人员和转化人员能够根据其实际贡献分别获得合理的经济回报。

第四，对处置权和收益权下放试点反馈情况应做全面、清醒的分析。客观而言，处置权和收益权下放试点表现了国家有关部门进行改革的决心，但是，更应该清醒地意识到，该试点的结果可能并不能收到所预想的非常明显的效果。之所以可能会出现这种问题，并非是因为试点措施有问题，而是因为试点选择的对象有偏差。无论是在中关村示范区的试点，还是去年底的试点，所挑选的试点单位均是科技成果转化做得很好的单位。在这种情况下，要求这些试点单位做得"好上加好"，本身难度就非常大。另外，更主要的原因是，这些先前转化工作做得比较好的单位，其实在试点前就已经由于单位领导的意识的超前和解放，而通过各种变通途径突破了财政部的制度性障碍，因此，该试点办法对这些试点单位而言也就失去了应有的解放作用，试点的效果当然不会特别明显。相反，我们认为，对于那些单位领导思想保守的先前转化工作做得不好的单位，处置权和收益权下放反而会释放巨大的政策红利，会收到明显的积极效果。

六、新《促进科技成果转化法》的相关规定

关于科技成果转化中涉及国有资产管理的问题，新《促进科技成果转化法》主要利用了四个条款进行解决。这四个条款充分尊重了科技成果转化和知识产权运用的规律，对科研机构和高等院校科技成果转化工作从法律层面进行了简政放权，同时，也对科研机构和高等院校转化科技成果规定了必要的监督措施。具体内容如下：

第一，允许科研机构和高等院校自主决定科技成果转化。新《促进科技成果转化法》第18条规定："国家设立的研究开发机构、高等院校对其持有的科技成果，可以自主决定转让、许可或者作价投资，但应当通过协议定价、在技术交易市场挂牌交易、拍卖等方式确定价格。通过协议定价的，应当在本单位公示科技成果名称和拟交易价格。"根据该条规定，国家设立的科研机构或高等院校进行科技成果转化活动，不必再由上级主管部门和财政部

门审批，仅需自身根据市场规律自主进行决定即可。同时，为了防止国有资产流失，避免暗箱操作，该条还规定了科研机构或高等院校自主决定科技成果转化的限制性条件。具体限制性条件有二：一是转化的方式限于转让、许可和作价投资。即国家设立的科研机构或高等院校如果是以转让、许可或作价投资的方式进行科技成果转化，可以自主进行决定，不需审批；而如果以上述三种方式之外的其他方式进行转化，比如"自行投资实施""以该科技成果作为合作条件，与他人共同实施转化"或"其他协商确定"等方式的转化，是否可以自主决定，或是否需要进行审批，新《促进科技成果转化法》没有明确作出规定。但考虑到这几种方式有可能需要科研机构或高等院校投入现金或其他有形资产，而这样的投资行为并非这些事业单位的主要事业目标，故如果以新《促进科技成果转化法》明确规定之外的其他方式的转化行为，应需要一定的审批。二是确定价格的方式应以在技术交易市场挂牌交易、拍卖或协议定价等方式进行，同时，如果是通过协议定价的，则应当在本单位公示科技成果名称和拟交易价格，以便于接受监督。

第二，科技成果转化收益留归单位。新《促进科技成果转化法》第43条规定："国家设立的研究开发机构、高等院校转化科技成果所获得的收入全部留归本单位，在对完成、转化职务科技成果做出重要贡献的人员给予奖励和报酬后，主要用于科学技术研究开发与成果转化等相关工作。"该条规定重点在于解决国家设立的科研机构或高等院校进行科技成果转化的动力问题。根据先前有关规章制度的规定，科研机构或高等院校转化科技成果的收益在扣除给予科研人员和转化人员的奖励之后应全部上缴国库，这样科研机构或高等院校在科技成果转化过程中就没有任何利益而言，故此，科研机构或高等院校转化科技成果的积极性也就不高。新《促进科技成果转化法》第43条则着重在于给予科研机构和高等院校转化动力，明确规定科技成果转化收入全部留归科研机构或高等院校。同时，需要说明的是新《促进科技成果转化法》第43条的雏形是《中华人民共和国促进科技成果转化法修正案（草案）》（"一审稿"）第18条。该条规定："国家设立的研究开发机构、高等院校转化科技成果所获得的收入全部留归本单位，在对完成、转化职务科技成果做出重要贡献的人员给予奖励和报酬后，纳入本单位预算，用于科学技术研究开发与成果转化工作。"对比新《促进科技成果转化法》第43条和"一审稿"第18条可见，新《促进科技成果转化法》对于科研机构或高等院校的科技成果转化收入的用途范围有所放宽，即根据新《促进科技成果转化法》第43条的规定，科技成果转化收入在扣除对科研人员和转化人员的奖励之后固然应"主要"用于科学技术研究开发与成果转化工作，但该法也暗示科研机构或高等院校也可以将部分转化收入用于其他工作的支出。新《促进科技成果转化法》第43条和"一审稿"第18条之所以有这样一个变化，其实也是考虑到了科研机构或高等院校工作的实际，也更能激励他们转化科技成果。

第三，建立科技成果转化情况年度报告制度。新《促进科技成果转化法》第21条规定："国家设立的研究开发机构、高等院校应当向其主管部门提交科技成果转化情况年度报告，说明本单位依法取得的科技成果数量、实施转化情况以及相关收入分配情况，该主管部门应当按照规定将科技成果转化情况年度报告报送财政、科学技术等相关行政部门。"之所以要求科研机构和高等院校提交科技成果转化情况年度报告，主要是考虑到新《促进科技成果转化法》已经取消了科研机构或高等院校转化科技成果的事前审批制度，而为了掌握和监督科研机构和高等院校科技成果转化工作情况，就需要从事后监督的角度要求其报告相关情况。科技成果转化情况年度报告的程序主要是分为两个层面：一是科研机构或高等院校将说明本单位依法取得的科技成果数量、实施转化情况以及相关收入分配情况的年度报告报送给其主管部门，接受监督；二是主管部门应将下属科研机构或高等院校的科技成果转化情况年度报告报送给财政部门和科学技术行政部门，接受监督。同时，为了确保科技成果转化年度报告制度得到真正的贯彻落实，新《促进科技成果转化法》第 46 条第 2 款还规定了未报送或未按规定报送科技成果转化年度报告的法律责任，该款规定："国家设立的研究开发机构、高等院校未依照本法规定提交科技成果转化情况年度报告的，由其主管部门责令改正；情节严重的，予以通报批评。"

第四章

科技人员与转化人员激励制度

科技人员❶既是科技成果的创造者，又是科技成果转化的积极推动者和重要实施者。建立和完善激励科技人员和转化人员转化科技成果的法律制度和措施，对于深化我国科研事业单位机构改革、促进科技成果的转移转化、实现科技成果的市场价值具有极为重要的意义。

一、国外激励科技人员转化科技成果的法律制度

国外激励科技人员转化科技成果的法律制度主要分为

---

❶ 《促进科技成果转化法》未对科技人员做出明确界定。根据惯常理解，科技人员是指从事科学研究、技术开发以及技术服务的人员，单纯的科技成果转移转化人员一般不被认为属于科技人员。但考虑到科技成果转移转化机构和人员在科技成果转化过程中的重要作用，并且有相当一部分科技成果转移转化人员来自科技人员，因此，本报告亦涉及科技成果转移转化机构和人员。

两个方面：一是科技成果的知识产权权属方面；二是职务科技成果转化的奖励报酬方面。

（一）科技成果知识产权权属的法律制度

如果科技成果的知识产权属于科技人员所有，那么科技人员自然有充分的动力促进科技成果的转移转化，从而实现该科技成果的最大经济价值。科技人员在未受雇佣情况下完成的科技成果自然应属于该科技人员，关于这一点各国规定均无差异。而对于科技人员在受雇佣情况下完成的科技成果，即职务科技成果，由于世界各国发展水平的不同，以及各自的文化传统和法律制度的差异，对职务科技成果权利归属的制度设计上存在较大差别。归纳主要国家的职务科技成果归属，可以概括为三种模式：以美国和日本为代表的雇员优先模式；以英国、法国和俄罗斯等国为代表的雇主优先模式；德国则采取不同于上述模式的一种折中式模式。

以美国和日本为代表的"雇员优先"模式中，尊重了科技成果的原始权利人的利益保护，在权利获取的形式上表现为雇员拥有发明专利的申请权。但是，申请权的获得并不代表发明的完整权利的获得。根据美国和日本相关司法实践，雇主对雇员的发明享有很大的支配权。雇员对职务科技成果的专利申请权往往通过雇主和雇员之间的"入职协议"或其他形式的内部管理制度，变相地成为雇主的权利。当然，雇主在申请权变更的同时要承诺给予雇员一定的奖励报酬。如果雇主没有将雇员的发明转化成雇主发明的需求或者认为发明的价值不大，雇员可以自行对该职务科技成果申请专利。这一制度既体现了对雇员权利的尊重，也为雇主提供了一种选择权。

在"雇主优先"模式中，英国是典型的"雇主优先"。即不管双方是否有约定，职务科技成果的原始权利归雇主所有。英国法律明文规定雇员发明属于雇主所有，非职务发明创造属于雇员，但可以协议转让给雇主。当雇员发明属于雇主时，雇主应支付报酬给雇员。而在法国，则特别强调雇主和雇员的约定。即如果没有约定，一般职务发明创造属于雇主，但雇主需要支付给雇员一定的报酬。这些国家的法律规定体现了雇员对雇主的依附关系以及雇主对雇员创造提供给的保障条件。同时强调雇员对雇主工作的尽职程度。在这种模式下，如果雇主不能为雇员提出硬性的考核指标或较提供充分的奖励条件，对雇员发明的积极性将有一定的影响。另外，英国 1999 年后颁布的专利局指南确定了公共资助研究的知识产权应当归研究机构所有，除非有相反的有效且强有力的理由。对权利人而言，应该有效地确定、保护和管理知识产权，并努力进行商业化利用。

在雇员职务科技成果的权属上，德国法则采取了一种较为折中的模式。首先，德国雇员发明法界定了职务发明创造和非职务发明创造的界限，防止雇主对雇员非职务发明创造的侵占。《雇员发明法》规定，源于私人企业或者公共机构雇员的工作任务，或者在本质上基于企业或者政府机构的经验或活动就属于职务发明创造，而雇员的其他发明为非职务发明创造。其次，最大程度地维护了雇主的利益，雇主拥有选择权。对于职务发明创造，发明完成后，职务发明创造人负有立即书面向雇主汇报的义务。这有利于雇主随时掌控雇员的研究进展。雇主可以对职务发明创造提出无限制的权利主张或者有限制的权利主张。如果雇主提出无限制的权利主张，职务发明创造人就必须将职务发明创造的所有权利转让给雇主。如果提出的是有限制的权利主张，则雇主享有非独占许可使用权，专利申请权和专利权依然归职务发明创造人所有。这要求雇主要对职务发明创造有深入了解，这必将促进雇主加强职务发明创造的制度建设，否则难以在优先的时间内对职务发明创造的价值做出评判。最后，充分保护了职务发明创造人的利益。表现在两个方面：一方面充分尊重了发明创造原始权利人的法律地位。另一方面如果雇主选择了保留职务发明创造权，就需要对雇员的报酬和奖励进行落实。德国雇员发明法比较详细地规定了对发明人的报酬计算方式及数额。该法规定，在雇主做出职务发明创造权利主张之后，雇员有权取得合理的报酬，在无限制权利主张下确定报酬额时，应考虑这项发明的商业适用性，雇员在公司中的职责和所处的位置，企业为发明作出的贡献等因素。如果雇主选择有限制的主张，雇员也可以获得一定的报酬，计算报酬的方式参照无限制权利主张的规定。❶

（二）职务科技成果的奖励报酬制度

如果法律规定或科技人员与雇主约定，科技人员职务科技成果的知识产权属于雇主所有，那么激励科研人员转化科技成果的经济措施主要就是雇主对该科研人员的奖励报酬。

---

❶ 郭禾、钱孟姗、唐素琴、甘泉、钟鸣、王玉凯. 国家知识产权局软科学研究项目（SS11-B-16）"职务发明制度研究"研究报告 [R].

美国法律并未明确规定普通雇主与雇员之间的转化科技成果奖励报酬措施。在美国，职务科技成果转化的奖励报酬政策通常规定于公司与雇员的劳动合同之中，或者规定于公司的章程、规章制度之中。如果公司章程、规章制度或与雇员的合同中没有关于职务科技成果转化奖励报酬的规定，那么职务科技成果即使在商业实践中被转移转化了，相关科研人员也不能获得相应经济激励。当然，美国的很多公司，特别是高科技创新公司，为了激励雇员的创新积极性和转移转化积极性，通常会在公司规章制度中规定比较明确的科技成果及其转移转化的激励措施。根据美国相关理论，由于财政收入来自于民众赋税，因此，财政资助科研项目的主要目的应在于促进科技创新和科技成果的有效利用，从而使社会成员能够分享到科技进步所带来的惠益。所以，美国法律特别重视采取各种手段促进科技成果的商业应用。为了鼓励科研人员转移转化受财政资助的科技成果，美国拜杜法规定，政府机构与受资助的非营利性机构（包括科研机构和大学）签订的研发资助协议中必须包括受资助单位与发明人之间分享有关知识产权许可或转让费用的条款。美国大学和科研机构的知识产权收益分配模式有利于对各方的激励，扣除约15%的必要成本（包括行政管理费、专利费等）后，知识产权许可收益的分配一般是发明人、发明者所在的系和发明者所在的学院各1/3。❶

日本现行法律对职务发明者的报酬只做了原则上的规

---

❶ 宋河发."十二五中国科学院知识产权工作推进计划"研究报告之"主要国家科研机构知识产权管理比较研究及加强我院知识产权管理的建议"[R].

定，即雇主要给予"相当对价"的报酬。报酬的计算标准由各个公司根据日本特许厅的"职务发明规程"来制定。各公司对做出职务发明的雇员所给予报酬方式主要有两种：一种是发明授权补偿（在取得发明专利时支付，而无论发明是否能够付诸实施），另一种是收益补偿（是在专利产生效益后才支付，其中有的在本公司实施获得收益，有的是通过许可公司实施专利使用费）。报酬数额可以规定在雇佣合同和有关雇员规则中，或者视雇主从发明中获取的利益以及雇主对于发明的贡献以及雇员从发明获得的利益等因素而定。❶

　　根据德国的相关规定，雇主在向雇员做出职务发明要求之后，雇员有权取得合理的报酬。在无限要求下确定报酬额时，应考虑这项发明的商业适用性，雇员在公司中的职责和所处的位置，企业为发明做出的贡献等。有限要求下计算报酬额的方式参照无限要求的规定，并在此基础上作必要的修改。德国职务发明报酬的计算方法主要有三种：第一种方法是许可费计提法，雇主把专利许可给第三方使用，并获得许可费，雇员取得许可净收入的一定比例。这种方法是目前为止德国使用最多的一种。第二种方法是雇主在公司内部使用了发明，从而节约了成本，雇员可得到所节约成本的一定比例作为报酬。这种方法通常用于和制造有关的发明，这种发明不改变最终的产品，但可以在公司内部改进产品的生产方式。第三种方法是在交叉许可等没有实际许可收入或销售收入时，发明者和雇主共

---

❶ 郭禾、钱孟姗、唐素琴、甘泉、钟鸣、王玉凯. 国家知识产权局软科学研究项目（SS11-B-16）"职务发明制度研究"研究报告［R］.

71

同估计发明的价值，雇员取得估计价值的一定比例。另外，德国将大学教师的发明区分为职务发明和非职务发明，教师拥有非职务发明的专利权，学校则拥有职务发明的专利权，同时以产权人的身份负责发明创造的保护、管理和推广应用。至于职务发明人的权益，根据有关法律的规定，大学教师作为发明人可以从发明实施的净收益中获得30%的奖励。❶

二、我国科技人员转化科技成果的现状与问题

（一）我国科技人员转化科技成果的现状

在实践中，我国科技人员转化科技成果的方式主要有以下4种：一是其科技成果作为职务发明创造，由本单位的专业机构或人员进行科技成果转移转化；二是其科技成果作为职务发明创造，但本单位授权该科技人员进行科技成果的转移转化；三是科技人员与其单位就科技成果的归属问题做出明确约定，科技人员对约定属于其自身的科技成果自行进行转移转化或委托专业机构进行转移转化；四是科技人员的科技成果不属于职务发明创造，科技人员自行转移转化或委托专业机构进行转移转化。

科技人员虽然是科技成果的创造者，但是由于科技人员的职能分工，其通常仅是科技成果转化的参与者，而非科技成果转化的主导者或组织者。中国科学院在2011年对全院知识产权管理工作的调查显示，在受访的104个研

---

❶ 刘向妹，刘群英. 职务发明报酬制度的国际比较及建议 [J]. 知识产权，2006（2）. 本部分对职务发明奖励报酬的比较法研究对该文多有引用，特此说明。

究所中有 62.5% 的研究所表示本单位科技成果转化的主要
困难之一是"科技人员的主要精力用于项目研发，而无暇
顾及科技成果转化"；同时，在受访的 385 位课题组负责
人中，有 59.57% 的课题组负责人认为"研究所设立专门
机构全权进行转移转化和合同谈判"是最有效的转移转化
方式，有 18.35% 的课题组负责人认为"委托专业机构进
行转移转化和合同谈判"是最有效的转移转化方式，有
19.41% 的课题组负责人认为"科技人员自行进行转移转
化和合同谈判"是最有效的转移转化方式。上述两个问题
的调查结果说明：（1）科技成果的转化需要科技人员积
极参与；（2）由专业机构或人员进行科技成果转化通常
会更有效率，但科研机构普遍缺乏专业的转移转化部门或
人员；（3）科研机构中的部分科技人员具有转移转化科
技成果的意愿和相应的能力。

（二）我国科技人员转化科技成果制度性障碍分析

随着我国总体科学技术能力的增强和市场经济的发
展，科技成果转化的形式和路径越来越多样化，我国科技
人员转化科技成果的主要制度障碍是：1996 年《促进科
技成果转化法》规定的转移转化形式和路径有限，且扩展
空间不大，制约和妨害了科技人员参与或主导科技成果转
化的积极性。具体表现在以下几个方面。

1. 法律未考虑到营利性机构与非营利性机构的本质区别

营利性公司和非营利性科研机构、大学在经费来源、
研究目的、转化方式等方面具有明显差别。营利性公司的
研究经费通常来自自有资金或其他有偿资金，研究目的是
为了提高本公司自身产品或服务市场竞争力，科技成果转

化方式通常是自身实施，并通过专利、商业秘密保护、著作权、商标等形式阻止其他竞争者使用该技术。而非营利性的科研机构或大学，其科技人员的薪金和研发经费大部分来自国家财政拨款和科研资助。由于其经费来源于纳税人，因此，其研究主要目的在于就某个领域实现技术突破从而提升整个国家的技术实力，并使社会公众从中受益。所以，科研机构或大学的科技成果在形成之后，就必须尽快使尽可能多的用户使用其科技成果。综上所述，公司由于其自身的营利性质，其主要追求经济利益的最大化，其科技成果的转化必须服务于公司的根本目的，质言之，如其科技成果不被转化更符合公司利益，则公司将其科技成果束之高阁亦应许可；而国立科研机构或大学则不同，其科技人员在做出科技成果之后，通常就有义务向社会公众传播其知识，并尽快使之进行产业应用。

营利性公司和非营利性科研机构、大学的科技成果的表现形式亦有所差别，从而亦会导致对科技人员转化科技成果激励措施的不同。中科院大学唐素琴教授在参加国家知识产权局"职务发明研究"课题过程中，对一些大型的营利性公司进行了调研。根据调研结果，由于公司特点，科技人员必须按照公司确定的方向进行研发，产品中一般包括众多专利或技术成果，而在专利的实施或许可转让过程中也往往采取打包而非逐一认定的方式，所以相对应地，就发明的激励而言，公司不太可能按照每个专利来计算其价值，只能打包综合评价。绝大多数公司对研发人员有一套完整的激励机制，不限于专利，同时要考虑研发、销售、绩效等多方面。而科研机构和高校的科技人员，由于其本身具有很大的学术自由，研究人员的科技成果彼此关联性不强，且科研机构和高校自身通常不直接实施其科技成果，科研机构或大学科技人员的科技成果主要以单独的形式向外许可、转让或以其他方式进行利用。因此，科研机构或大学容易就某个科技成果本身的转移转化情况给予发明人单独的物质激励。❶

正是因为营利性公司和非营利性科研机构、大学具有上述明显差别，所以在激励或促进科技人员转化科技成果的法律规定方面亦应根据具体情况区别对待。我国大多数相关法律法规规定对二者作出相同规范，而未考虑到二者的区别和特点，显然不利于我国科技成果合法、有效、充分地转移转化。因此，建议《促进科技成果转化法》修改工作充分考虑到营利性公司和非营利性科研机构、大学之间的差别，在修改后的《促进科技成果转化法》中单独增加一章，明确规定非营利性科研机构、大学的科技成果转移转化问题。

2. 法律法规的相关规定僵化未考虑实践的丰富性

在科技成果的知识产权归属、科技成果转移转化的形式与程序等方面，相关法律法规和政策规定比较僵化，缺乏灵活性，不能满足日益丰富的科技成果转移转化实践的需求。

明确科技成果的知识产权归属是转移转化科技成果的必要前提。只有首先明确科技成果知识产权的归属，各方当事人才能形成合力、各司其职地共同做好科技成果的转移转化工作。而我国相关法律法规和政策在科技

---

❶ 唐素琴. 国家知识产权局软科学研究项目（SS11-B-16）"职务发明制度研究"研究报告之附件二：职务发明制度实施情况及立法调研［R］.

成果知识产权归属问题上的规定较为僵化，没有充分贯彻合同优先原则，导致了一些不利于科技成果转移转化现象的产生。例如，我国《科技进步法》第 20 条规定："利用财政性资金设立的科学技术基金项目或者科学技术计划项目所形成的发明专利权、计算机软件著作权、集成电路布图设计专有权和植物新品种权，除涉及国家安全、国家利益和重大社会公共利益的外，授权项目承担者依法取得。"该条规定立法本意是为了鼓励受资助单位和科技人员充分转移转化其科技成果。而在目前市场经济环境下，产学研结合越来越紧密，科研单位的一个研究项目可能既受到国家财政资金的资助，又受到外部公司的资助，并且外部公司的资助力度在很多情况下还大于国家财政资助的力度。外部公司资助该研究项目的目的通常在于取得相关科技成果，并由该公司进行市场化运作，因此，该公司通常希望获得该项目研究成果的知识产权，至少是希望与科研单位共有或分享该项目研究成果的知识产权。而根据我国《科技进步法》第 20 条的规定，由于该研究项目获得了财政资金的资助，那么就应该由科研机构取得该项目研究成果的知识产权。这样，显然会降低外部公司与科研单位的合作研发意愿，也会阻碍科技成果的转移转化工作。

在科技成果转移转化的形式与程序方面的僵化规定，亦会影响科研单位和科技人员转移转化科技成果的积极性。比如，我国《公司法》第 27 条规定："股东可以用货币出资，也可以用实物、知识产权、土地使用权等可以用货币估价并可以依法转让的非货币财产作价出资。"根据该条规定，科研机构和科技人员以专利权出资入股自然没有问题，但关键是在许多情况下科研机构和科技人员希望以专利使用权或非专利技术出资入股形式，与外部公司合作，转移转化其科技成果。由于专利使用权出资入股和非专利技术出资入股属于公司法中的一个灰色地带，有的地方工商机关允许以专利使用权或非专利技术出资入股进行公司注册登记，而有的地方工商机关则不予准许。这样，就在一定程度上阻碍了科研机构和科技人员与外部公司进行合作的途径，甚至会因此而引发严重的且没有必要的经济纠纷。如中国科学院山西煤炭化学研究所与陕西华美新时代工程设备有限公司之间的法律纠纷就是由于专利使用权能否投资入股问题而产生，该案分别经过了陕西、天津两地中级人民法院和高级人民法院的审理，最终历时 5 年时间才在最高人民法院的调解下结案，无论是作为科研单位的山西煤化所，还是作为技术转移转化单位的华美公司，均因为专利使用权投资入股问题而两败俱伤。再如，根据财政部《事业单位国有资产管理暂行办法》规定，事业单位拍卖、转让、置换或以非货币性资产向外投资等形式处置国有资产，应当委托具有资产评估资质的评估机构进行资产评估。根据相关规定，事业单位国有资产的范围包括专利权、非专利技术等无形资产，因此，国有科研事业单位或大学拍卖、转让专利或非专利技术就需要事先进行资产评估。由于受我国目前知识产权保护现状所限，中国专利或非专利技术的总体价格水平很低，而无形资产评估的费用又相对较高，科研单位或大学在大批量拍卖或转让专利的情况下，如果需要事先由资产评估机构进行资产评估，则很有可能发生专利拍卖或转让收益不足以弥补支付给资产评估机构评估费用的情况。更有甚者，科研机构或大学在向资产评估机构支付巨额评估费用之后，专利或非专利技术可能由于各种原因没有被拍卖或转让出去，那么科研机构或大学则更加血本无归，同时，从而造成国有资产的特殊损失。

3. 对科技成果转化人员的具体激励措施尚较匮乏

在科技成果转移转化过程中，科技成果转化人员的作用至关重要。这一点在国有科研单位或大学中的表现尤为明显。相关调研表明，科技成果转化工作做得比较好的科研单位或大学通常都有一支过硬的科技成果转化队伍。在科研单位或大学从事科技成果转移转化工作本身风险较大，而法律对科技成果转化人员激励措施的缺乏，则更加挫伤了科技成果转化人员转移转化科技成果的积极性。

1996 年《促进科技成果转化法》虽然规定单位转让或实施科技成果后，应该提取一定比例的收入对完成科技成果及其转化做出贡献的人员给予奖励，但是国家相关的配套政策或科研单位及大学的相关制度通常仅仅重视给予发明人以相应的奖励，而未对科技成果转化人员的奖励问题做出明确规定或给予重视。根据中国科学院在 2011 年对全院知识产权管理工作的调查结果，在受访的 104 个研究所中，仅有 52 个研究所已经制定并实施知识产权转移转化激励办法，占受访总数的 50%；有 19 个研究所已经制定但尚未实施知识产权转移转化激励办法，占受访研究所 18.27%；有 15 个研究所知识产权转移转化激励办法正在制定中，占受访总数 14.42%；有 5 个研究所尚无制订知识产权转移转化激励办法的计划，占受访总数的

4.81%；有 14 个研究所尚等待科学院制定指导性意见，占受访总数的 12.5%。从整体来看，现行立法及相关政策对于在科技成果转移转化过程中做出贡献人员的激励措施仍然流于表面，即使立法或相关政策中涉及了相关内容，但也普遍存在原则性强、可操作性差、落实难等现实问题。

4. 科技人员转化科技成果的人事政策不明确

根据调研，在科研事业单位科技成果转化过程中，科技人员起到了重要技术支撑作用，很多转化合作单位希望科研事业单位的科技人员参与科技成果的转化，相当一部分科研事业单位的科技人员也有离岗参与科技成果转化或直接创业的意愿。科技人员离岗参与科技成果转化或直接创业，对于保障科技成果的顺利转化具有重要意义，也有助于我国科研事业单位改革的深化。但是考虑到科技成果转移转化风险较高，相关人事政策不明朗，科研事业单位科技人员担心创业失败后回流困难，因此，我国科研事业单位科技人员明显缺乏离岗参与科技成果转化或直接创业的积极性。目前，我国有些科研事业单位为了鼓励科技人员参与转移转化或进行自主创业，允许科技人员在离岗后一定期限内回流，对促进科技成果成果转化起到了积极作用，收到了较好成效。所以，建议这次《促进科技成果转化法》修改借鉴相关经验，将科研事业单位科技人员离岗创业或参与转化后的回流问题写入法律之中，解除科技人员转化科技成果的后顾之忧。

三、1996 年《促进科技成果转化法》奖酬规定的实施效果分析

（一）1996 年《促进科技成果转化法》相关规定的实施效果

《促进科技成果转化法》自 1996 年制定以来，虽然对于促进我国科技成果面向市场转移转化起到了一定的作用，但是总体而言，《促进科技成果转化法》及其国务院配套政策《促进科技成果转化的若干规定》在科技人员中的影响及其对科技人员转移转化科技成果的激励作用并不大。根据中国科学院在 2011 年对全院知识产权管理工作的调查结果，在受访的 836 位普通科技人员中，有 474 位即 56.7% 的科技人员表示没有听说过《促进科技成果转化的若干规定》；有 31.8% 的科技人员表示听说过该规定，但是不了解具体情况；有 7.3% 的科技人员表示知道该规定，但认为由于种种原因相关激励措施不能兑现，法律规定流于形式；仅有 4.2% 的科技人员表示知道也学习过该规定。由此可见，1996 年《促进科技成果转化法》自制定颁布以来，可能并没有完全达到当初预期的立法效果。

（二）1996 年《促进科技成果转化法》相关规定的问题分析

1. 立法目的与定位不清晰

1996 年《促进科技成果转化法》第 1 条规定："为了促进科技成果转化为现实生产力，规范科技成果转化活动，加速科学技术进步，推动经济建设和社会发展，制定

本法。"该条阐明了 1996 年《促进科技成果转化法》的立法目的，但是如上文所分析，由于非营利性的科研机构和大学与营利性的公司之间在科技研发、科技成果转移转化等方面存在巨大差异，因此，《促进科技成果转化法》的立法目的必须有所侧重，至少应该有所差异。

从现实情况来看，虽然跨国公司和大型公司是利用和实施科技成果的主要市场主体，但是由于他们本身具备强大的自主利用科技成果的能力和资源，同时也具备专业的科技成果转移转化的部门、人才和经验，有自己的科技成果转移转化办法和措施，亦有符合其公司特点的对科技人员和技术转移转化人员的相关激励措施，因此，只要法律能够保障他们的合同自由，并不需要法律对其科技成果转移转化问题给予特别关注。2014 年，国家知识产权局起草《职务发明条例》，拟对职务发明的管理和激励问题做出"一刀切"的规定，受到了很多跨国公司和大公司的特别关注和强烈质疑，最终导致该条例悬而未决。《促进科技成果转化法》修法工作应该充分借鉴《职务发明条例》的起草经验，准确定位该法律的立法目的。

从国外经验来看，为了促进科技创新和科技成果转移转化，美国在 20 世纪 80 年代先后制定了具有深远影响的《拜杜法》《史蒂文森－怀勒技术创新法》和《联邦技术转移法》等法律。美国这些法律的立法目的和定位很明确，均主要是从科研机构、大学及相关小微企业的角度，创设或规定了促进这些主体及其科技人员科技成果转移转化的激励措施，特别是对国立科研机构、大学科技人员受财政资助科技成果的知识产权归属、转移转化激励措施、转移转化机构设立等问题做出了明确规定。我国在修改《促进科技成果转化法》亦应借鉴国外的相关经验，将促进我国科研事业单位和大学的科技成果转化工作作为该法律的主要立法目标，并在具体法律条文中加以体现。

当前，我国正处于全面建设小康社会的关键时期，我国改革开放已经进入深水区。在此期间，稳妥推进科研事业单位改革是提高事业单位公益服务水平、加快各项社会事业发展的客观需要。进行科研事业单位改革，必然会导致科研事业单位发展路径的变化，必然会打破现有利益格局。在这种情况下，如果科研事业单位改革不考虑科研事业单位和科技人员的合理利益，那么就会受到科技人员的抵制或忽视，甚至无功而返。科研事业单位和科技人员最大的财富莫过于其科技成果的知识产权，而知识产权是一种动态的财产，只有在科技成果的利用过程中，知识产权的价值和经济利益才能够在市场中体现出来。因此，从现实可能性而言，科技成果转移转化能够为科研事业单位和科技人员提供一个巨大的利益出口。如果具备科技成果转移转化的有利条件和良好环境，科研事业单位和科技人员能够真正实现科技成果的市场价值，那么科研机构改革亦是水到渠成之事。所以，这次《促进科技成果转化法》的修改亦应站在科研事业单位改革的高度来看待该法的立法目的和定位。

2. 激励科技人员转化科技成果的规定缺乏操作性

1996 年《促进科技成果转化法》中激励科技人员转化科技成果的法律条文主要是第 29 条和第 30 条。该法第 29 条规定："科技成果完成单位将其职务科技成果转让给他人的，单位应当从转让该项职务科技成果所取得的净收入中，提取不低于 20% 的比例，对完成该项科技成果及其转化做出重要贡献的人员给予奖励。"该法第 30 条规定："企业、事业单位独立研究开发或者与其他单位合作研究开发的科技成果实施转化成功投产后，单位应当连续 3~5 年从实施该科技成果新增留利中提取不低于 5% 的比例，对完成该项科技成果及其转化做出重要贡献的人员给予奖励。采用股份形式的企业，可以把在科技成果的研究开发、实施转化中做出重要贡献的有关人员的报酬或者奖励，按照国家有关规定将其折算为股份或者出资比例。该持股人依据其所持股份或者出资比例分享收益。"

上述两个条文中有两个重要概念：一是"净收入"，二是"新增留利"。而何为净收入和新增留利，法律没有明确的解释，相关配套措施中也没有明确的说明，从而导致该条文在适用上存在困难。特别是对净收入这个概念，实践中争议很大。有观点认为，"净收入"是指科技成果受让方支付给单位的转让费；有的观点则认为"净收入"是指转让费减去该科技成果相关成本（比如研发成本、管理成本等）后所余的金额。显然，后一观点更符合公众对"净收入"的惯常理解，但在实践中执行却有很多困难，对国有科研单位或大学的科技成果而言更是如此。这是因为在我国目前的知识产权保护水平之下，科技成果的知识产权转让费往往低于研发成本，因此，如果按后一观点执行 1996 年《促进科技成果转化法》第 29 条，由于"净收入"为负数，单位将科技成果转让之后，科研人员往往不能得到任何奖励。因此，要使 1996 年《促进科技成果转化法》起到对科研人员的激励作用，那么就应按照前一观点理解"净收入"。当然，由于国有科研单位或大学科技成果的研发成本主要是来自于国家财政资助或其他单位的横向资助，其管理成本和科研人员的工资支出亦来自于国家财政拨款，所以，该科技成果的相关成本对于科研单位或大学来说可以视为零。因此，将单位所获得的转让费总额作为"净收入"，对于国有科研单位或大学自身而言，亦有一定合理性。

1996 年《促进科技成果转化法》第 29 条和第 30 条对科技人员的激励政策采取了"一刀切"的形式，没有考虑到市场主体对科技人员激励政策的多样性，从而也导致了这两个法律条文很少在实践中被适用。根据 1996 年《促进科技成果转化法》第 29 条和第 30 条的规定，在转让科技成果的情形下，企事业单位对科技人员的激励措施只能是给予其"净收入"20%以上的奖励；在自行实施或许可他人实施的情形下，企事业单位给予科技人员激励措施则只能是给予不低于 5% 新增留利的奖励或一定比例的股权奖励。1996 年《促进科技成果转化法》排除了企事业单位与科技人员关于科研激励措施进行其他约定的可能性，与实践不符，特别是不符合营利性公司的相关实践。

同时，1996 年《促进科技成果转化法》也与在其后颁布的《专利法》及其《专利法实施细则》相冲突。我国《专利法》第 16 条规定："被授予专利权的单位应当对职务发明创造的发明人或者设计人给予奖励；发明创造专利实施后，根据其推广应用的范围和取得的经济效益，对发明人或者设计人给予合理的报酬。"《专利法实施细则》第 76 条规定："被授予专利权的单位可以与发明人、设计人约定或者在其依法制定的规章制度中规定专利法第十六条规定的奖励、报酬的方式和数额。企业、事业单位给予发明人或者设计人的奖励、报酬，按照国家有关财务、会计制度的规定进行处理。"第 77 条规定："被授予专利权的单位未与发明人、设计人约定也未在其依法制定的规章制度中规定专利法第十六条规定的奖励的方式和数额的，应当自专利权公告之日起 3 个月内发给发明人或者设计人奖金。一项发明专利的奖金最低不少于 3000 元；一项实用新型专利或者外观设计专利的奖金最低不少于 1000 元。由于发明人或者设计人的建议被其所属单位采纳而完成的发明创造，被授予专利权的单位应当从优发给奖金。"第 78 条规定："被授予专利权的单位未与发明人、设计人约定也未在其依法制定的规章制度中规定专利法第十六条规定的报酬的方式和数额的，在专利权有效期限内，实施发明创造专利后，每年应当从实施该项发明或者实用新型专利的营业利润中提取不低于 2% 或者从实施该项外观设计专利的营业利润中提取不低于 0.2%，作为报酬给予发明人或者设计人，或者参照上述比例，给予发明人或者设计人一次性报酬；被授予专利权的单位许可其他单位或者个人实施其专利的，应当从收取的使用费中提取不低于 10%，作为报酬给予发明人或者设计人。"另外，为了鼓励职务发明的转移转化，2012 年国家知识产权局等 13 部门颁发了《关于进一步加强职务发明人合法权益保护促进知识产权运用实施的若干意见》。该意见第 4 条第 8 款规定："在未与职务发明人约定也未在单位规章制度中规定报酬的情形下，国有企事业单位和军队单位自行实施其发明专利权的，给予全体职务发明人的报酬总额不低于实施该发明专利的营业利润的 3%；转让、许可他人实施发明专利权或者以发明专利权出资入股的，给予全体职务发明人的报酬总额不低于转让费、许可费或者出资比例的 20%。国有企事业单位和军队单位拥有的其他知识产权可以参照上述比例办理。"

由此可见，我国《专利法》《专利法实施细则》以及《关于进一步加强职务发明人合法权益保护促进知识产权运用实施的若干意见》对于科技成果最重要的知识产权形式——专利权的转移转化的激励方式均是采取约定优先、法定补充的办法。另外，我们还应注意到我国《专利法》及其《专利法实施细则》对专利权转移转化的激励主要是针对发明创造人而言的，而对转移转化人员的激励则需要《促进科技成果转化法》进行特别规定。

因此，我国《促进科技成果转化法》亦应考虑到市场主体的实践和科技成果转化激励方式的多样性，对发明创造人的激励措施应该首先尊重市场主体与科技人员之间的约定或者企事业单位相关的规章制度；在没有约定或相关规章制度的情形下，才适用法律规定的奖励措施和奖励标准。同时，我国《促进科技成果转化法》还应考虑到营利性公司与非营利性的科研机构、大学之间的差别，对营利性公司放权并尽量少做硬性规定；而对非营利性科研机构或大学，则应给予科技人员更优惠的且具有一定强制性的激励措施和奖励标准。另外，考虑到转移转化人员的重要作用，也为了便于清晰划分权益，修改后的《促进科技成果转化法》应该对发明创造人和转移转化人员分别规定激励措施和奖励标准。

3. 保障科技人员转化科技成果的具体措施不足

1996 年《促进科技成果转化法》所规定的保障科技人员和转移转化人员转化科技成果的相关措施比较原则，可操作性不强，甚至对某些重要问题有所遗漏。

1996 年《促进科技成果转化法》未对何为"职务科技成果"做出明确界定，有可能导致科技人员与单位就科技成果的归属问题权责不清，更进一步会影响到科技成果的转移转化。因此，建议这次修改《促进科技成果转化法》比照我国《专利法》的规定，并参考《关于进一步加强职务发明人合法权益保护促进知识产权运用实施的若干意见》，在法律中对"职务科技成果"这一概念做出明确界定，并应允许科技人员与本单位就利用单位物质技术条件所做出科技成果的权利归属问题做出约定。

同时，为了保障科技成果能够充分转化，还应对1996 年《促进科技成果转化法》第 14 条进行完善和修改。1996 年《促进科技成果转化法》第 14 条规定："国家设立的研究开发机构、高等院校所取得的具有实用价值的职务科技成果，本单位未能适时地实施转化的，科技成果完成人和参加人在不变更职务科技成果权属的前提下，可以根据与本单位的协议进行该项科技成果的转化，并享有协议规定的权益。该单位对上述科技成果转化活动应当予以支持。"该条未解决两个问题：一是单位决定放弃职务科技成果的知识产权时，做出该发明的科技人员是否可以获得和利用该知识产权？二是如果单位不转化科技成果并且不适当地阻碍科技人员转化该科技成果，那么在这种情况下，科技人员有何救济措施？另外，为了促进和保障科技人员积极参与科技成果转化，这次《促进科技成果转化法》还应考虑到暂时离职转化科技成果的科技人员保留相关身份的问题。

促进科技人员转移转化科技成果还需要良好的金融环境和税收环境。1996 年《促进科技成果转化法》虽然对科技成果转移转化中金融融资和税收优惠问题做出了规定，但是这些规定均非常原则，科技人员并不能依据这些法律条文获得实实在在的支持。因此，建议这次修改《促进科技成果转化法》将我国已有的或即将推出的有利于科技成果转化融资的规定和税收优惠措施落实，明确写入法律条文中，以便使科技人员和相关各方对科技成果转化有明确和稳定的预期，进而促进科技成果转化工作的顺利进行。

国外经验表明，在科研单位和大学转移转化科技成果过程中，专业的技术转移转化人员和技术中介人员往往起着重要的作用。1996 年《促进科技成果转化法》未对科研机构和大学的转移转化部门、人员问题做出规定，不利于科技成果的顺利转化。因此，建议 1996 年《促进科技成果转化法》的修改考虑到科研单位大学科技成果转化人员的现实需求，在科技成果转化人员的机构编制、奖惩激励、岗位回流、风险豁免和职称评定等方面予以明确规定，以稳定和引进高层次的科研单位或大学科技成果转化人员，真正促进科技成果转移转化工作。另外，1996 年《促进科技成果转化法》第 18 条规定，在中介机构中从事技术交易经纪业务的人员，应按照国家规定取得资格证书。科技成果转移转化人员和技术交易中介人员的能力取决于其综合素质和能力，将取得资格证书作为从事技术交易的前置条件，既不合理，也不符合当前中央倡导的简政放权的要求。因此，建议这次修改《促进科技成果转化法》删除关于资格证书的规定。

4. 工资总额的制约

工资总额是指各单位在一定时期内（通常是一个财务

年度）直接支付给本单位全部职工的劳动报酬总额。工资总额的计算与管理既有统计意义，也有税收管理和财政管理等方面的意义，工资总额的概念在不同的时期、不同的部门有不同的解释除了不同时期在工资总额管理上有不同的内容和理解以外，不同部门在工资总额的理解和管理范围上也是不同的。❶

对国有企业和国有科研机构、高等院校而言，工资总额是国家调整这些单位收入水平、确保收入公平的重要管理手段。其中，比较重要的法规和规章制度包括：原人事部1990年发布的《全民所有制机关、事业单位职工人数和工资总额计划管理暂行办法》（人计发〔1990〕第17号）规定：全民所有制企事业单位职工人数和工资总额计划由各级政府人事部门负责编制和管理，实行统一计划、分级管理。每个单位都应当制订年度工资总额计划，经主管部门批准后执行，各单位不得超计划发放工资。国有资产管理委员会2010年发布的《中央企业工资总额预算管理暂行办法》（国资发分配〔2010〕72号）规定：中央企业的工资总额预算应经国务院国资委核准或备案后执行。在国资委核定的工资总额外，不得再以其他形式在成本（费用）中列支任何工资性项目。工资总额预算经国资委核准或者备案后，由中央企业根据生产经营特点与内部绩效考核制度、薪酬分配制度，自行决定所属企业工资总额调控方式、内部收入分配结构和水平。国资委按照提高企业核心竞争力和调节行业收入分配关系的总体要求，依据中央企业经济效益增长预测情况，参考国民经济发展

---

❶ 杨小敏. 工资总额预算管理研究［J］. 管理论坛，2012（4）.

宏观指标、社会平均工资、劳动力市场价位等因素，分行业制定和发布工资增长调控线。在实际操作中，企业工资总额由企业效益预算指标和工资总额预算指标构成，前者以国资委对企业的绩效考核指标为准，后者是由企业根据本单位的实际情况，按照国资委每年度下达统一的计算公式进行计算和编制，报国资委审核，经本单位权力机构批准后形成工资总额预算指标。人事部、财政部《事业单位工作人员收入分配制度改革方案》（国人部发〔2006〕56号）规定：事业单位实行岗位绩效工资制度。岗位绩效工资由岗位工资、薪级工资、绩效工资和津贴补贴四部分组成，其中岗位工资和薪级工资为基本工资。绩效工资主要体现工作人员的实绩和贡献。国家对事业单位绩效工资分配进行总量调控和政策指导。中共中央、国务院《关于深化事业单位工作人员收入分配制度改革的意见》（国办发〔2011〕37号）规定各地综合考虑经济发展、财力状况、物价消费水平、城镇单位在岗职工年平均工资水平、公务员规范后的津贴补贴水平等因素，合理确定本地绩效工资总体水平。根据合理调控事业单位收入水平差距的需要，确定当地事业单位本年度绩效工资水平控制线，各事业单位绩效工资水平原则上不得高于控制线。事业单位发放绩效工资不得突破核定的总量。❶ 另外，2013年《国务院批转发展改革委等部门关于深化收入分配制度改革若干意见的通知》（国发〔2013〕6号）亦要求，对部分过高收入行业的国有及国有控股企业，严格实行企业工资总额和工

---

❶ 丁明磊、侯琼华、张炜熙. 奖励科技成果转化人员要突破工资总额限制 [J]. 中国科技论坛，2014（12）.

资水平双重调控政策，逐步缩小行业工资收入差距。由上述法规和规章可以看出，国家主要是通过控制国有企业和事业单位工资总额预算，确保各国有单位人员收入的均衡和公平。

由于单位给予职务科技成果发明人和转化人员的奖励和报酬属于非常规性的工资支出，且时多时少，每个年度差别较大，因此，如果将科技成果转化奖励和报酬纳入到工资总额控制范围之内，那么国有企业或国有科研机构、高等院校在发放科技成果转化奖励和报酬时就会顾虑重重。这是因为年度工资总额指标是一定的，给予部分员工发放转化奖励和报酬，往往就意味着要降低其他员工正常的工资收入，这样，就有可能引起本单位大多数员工的不满。例如，对于全额拨款和差额拨款的事业单位，能够自行调节的绩效奖励工资仅占其工资总额的30%~40%，当科技成果转化奖励和报酬数额较大的时候就无法落实。❶因此，确实有必要从科技成果转化角度对国家对国有企业和科研事业单位工资总额预算管理制度进行必要调整，以确保法律所规定的科技成果转化奖励和报酬制度的落实。

四、新《促进科技成果转化法》有关奖酬问题的修改

新《促进科技成果转化法》第44条和第45条重点规定了科技人员和转化人员在科技成果转化后获得的奖励报酬问题。该法第44条规定："职务科技成果转化后，由科

---

❶　丁明磊、侯琼华、张炜熙. 奖励科技成果转化人员要突破工资总额限制[J]. 中国科技论坛，2014（12）.

技成果完成单位对完成、转化该项科技成果做出重要贡献的人员给予奖励和报酬。科技成果完成单位可以规定或者与科技人员约定奖励和报酬的方式、数额和时限。单位制定相关规定，应当充分听取本单位科技人员的意见，并在本单位公开相关规定。"该法第45条规定："科技成果完成单位未规定、也未与科技人员约定奖励和报酬的方式和数额的，按照下列标准对完成、转化职务科技成果做出重要贡献的人员给予奖励和报酬：（一）将该项职务科技成果转让、许可给他人实施的，从该项科技成果转让净收入或者许可净收入中提取不低于百分之五十的比例；（二）利用该项职务科技成果作价投资的，从该项科技成果形成的股份或者出资比例中提取不低于百分之五十的比例；（三）将该项职务科技成果自行实施或者与他人合作实施的，应当在实施转化成功投产后连续三至五年，每年从实施该项科技成果的营业利润中提取不低于百分之五的比例。国家设立的研究开发机构、高等院校规定或者与科技人员约定奖励和报酬的方式和数额应当符合前款第一项至第三项规定的标准。国有企业、事业单位依照本法规定对完成、转化职务科技成果做出重要贡献的人员给予奖励和报酬的支出计入当年本单位工资总额，但不受当年本单位工资总额限制、不纳入本单位工资总额基数。"由上述两个条文，可以看出新《促进科技成果转化法》主要从以下几个方面规定科技人员和转化人员的奖酬问题。

第一，在奖酬的提法与《专利法》进行了协调。1996年《促进科技成果转化法》将单位职务科技成果转化后给予科研人员和转化人员的物质激励称为"奖励"，而《专利法》将单位在职务发明创造授予专利权后给予发明创造人的物质激励称为"奖励",将单位在专利权实施后给予发明创造人的物质激励称为"报酬"。可见,1996 年《促进科技成果转化法》中的"奖励"与《专利法》中"奖励"的概念具有本质的不同。职务发明创造人在职务发明创造被授予专利后,发明创造人即可依据《专利法》获得专利法意义上的"奖励",质言之,发明创造人获得专利法意义上的"奖励"并不需要专利已被实施这个前提;而职务科技成果的发明人要获得 1996 年《促进科技成果转化法》所规定的"奖励",则必须以职务科技成果被转化或利用为前提。当然,1996 年《促进科技成果转化法》所规定的"奖励"与《专利法》所规定的"报酬"相类似,均是单位在转化科技成果或实施专利获得收益后给予相关人员的物质激励,但是,二者也有细微区别,1996 年《促进科技成果转化法》"奖励"的对象是职务科技成果的完成人和转化人员,而《专利法》所规定的"报酬"面向的对象则只有职务发明创造的发明人。同时,由前文分析,职务科技成果与职务发明创造具有大致相似的意义,故 1996 年《促进科技成果转化法》中的"奖励"和《专利法》中的"奖励""报酬"的概念经常引起人们的混淆和误解,因此,新《促进科技成果转化法》为了与《专利法》相协调,将 1996 年《促进科技成果转化法》中的"奖励"修改为"奖励和报酬"。但是,需要注意的是,新《促进科技成果转化法》使用的"奖励和报酬"概念指称职务科技成果转化后给予发明人和转化人员的收益。当然,新《促进科技成果转化法》的这一变化也容易让发明人和转化人员从字面上进行理解,将其所获得的"奖励和报酬"分成两个部分,一是

"奖励",二是"报酬"。那么在这种理解之下,何为"奖励",何为"报酬"?所以,笔者认为新《促进科技成果转化法》"奖励和报酬"概念应该是一个内容,不宜再区分为"奖励"和"报酬"两个概念。

第二,采取约定优先原则。1996年《促进科技成果转化法》对职务科技成果的发明人和转化人员的奖酬标准采取的是法定原则,不仅僵化,而且也与市场经济的发展实际不相吻合,因此,新《促进科技成果转化法》对1996年《促进科技成果转化法》的相关规定进行了优化,引入了约定优先原则。根据新《促进科技成果转化法》第40条的规定,单位可以在本单位规章制度中事先规定给予职务科技成果发明人和转化人员的奖励和报酬的方式、数额和时限等事项,也可以在职务科技成果转化前或转化后与发明人和转化人员约定奖励和报酬事项。同时,考虑到单位相对于员工的强势地位,以国有科研机构、高等院校的特殊性,新《促进科技成果转化法》还从两个方面对约定优先原则进行了限制:一是单位制定奖励和报酬的相关规定,应当充分听取本单位科技人员的意见,并在本单位公开相关规定,以便接受监督;二是国有科研机构、高等院校制定的奖励和报酬规定或与发明人、转化人员约定的奖励和报酬标准不得低于第45条第1款规定的法定标准。

第三,提高奖励和报酬的法定标准。1996年《促进科技成果转化法》第29条和第30条规定的科技成果转化奖励最低标准是转让净收入的20%或3~5年实施科技成果新增流利的5%,而对于以许可方式或作价投资方式转化科技成果的奖励标准则未作出明确规定。新《促进科技成果转化法》则采取了约定优先原则，原则上允许单位与其员工协商确定科技成果转化奖励和报酬的标准和数额，而如果单位未与员工进行相关约定，单位也无相关规章制度规定奖励和报酬的标准，那么就需要按照法定的标准给予科技人员和转化人员奖励和报酬。根据新《促进科技成果转化法》第45条第1款，奖励和报酬的法定标准分为两种情况：一是在以转让、许可和作价投资的方式转化科技成果的情况下，奖励和报酬的最低限是转让净收入、许可净收入或作价出资获得的股份、出资比例的50%；二是在以自行实施或与他人合作实施科技成果的情况下，奖励和报酬的最低限是转化成功投产后连续3~5年，每年实施该项科技成果营业利润的5%。由上可见，新《促进科技成果转化法》与1996年《促进科技成果转化法》相比，最显著的修改就是大幅度提高了给予科技人员和转化人员奖励和报酬的法定标准。

　　李克强总理在2015年7月27日在国家科技战略座谈会上提出，科技人员是科技创新的核心要素，是创造社会财富不可替代的重要力量，应当是社会的中高收入群体。在基础研究收入保障机制外，还要创新收益分配机制，让科技人员以自己的发明创造合理合法富起来，激发他们持久的创新动力。❶ 新《促进科技成果转化法》第45条第1款有关奖励和报酬法定标准的规定就是让科技人员"合理合法富起来"的一项重要保障。

　　在适用新《促进科技成果转化法》第45条第1款时

---

❶ 李克强：让科技人员合理合法富起来［EB/OL］．［2015-08-20］．http://news.xinhuanet.com/politics/2015-07/28/c_ 1116066020.htm.

需要注意两点：一是如果企事业单位不准备适用第 45 条第 1 款所规定的法定标准，那么就必须事先制定本单位的规章制度明确规定奖励和报酬的标准。这一点对于非公企业而言非常重要，因为很多非公企业在给予员工的劳动报酬中可能就包含了科技成果转化奖励方面的考虑，而如果这些企业没有相应规章制度，也未与科研人员和转化人员进行约定，那么他们就需要按照第 45 条第 1 款所规定的法定标准给予科研人员和转化人员奖励和报酬，而由于按照法定标准计算的奖酬数额可能非常高昂，那么就有可能给这些企业造成较大的财务影响。二是对于国有科研机构、高等院校而言，只能制定或约定与第 45 条第 1 款所规定的法定标准相同或更高的奖励和报酬标准；否则，国有科研机构、高等院校制定的相关规章制度或与员工进行的约定就会被认定为无效，那么最终仍应按照新《促进科技成果转化法》第 45 条第 1 款执行奖励和报酬的法定标准。新《促进科技成果转化法》之所以对国有科研机构、高等院校的奖励和报酬标准作出特别规定，主要是考虑到国有科研机构、高等院校的科技成果与企业科技成果转化方式和转化原理不同，从大力推动国有科研机构、高等院校科技成果向企业转移转化角度出发才做出了上述规定。

第四，突破工资总额限制。为了消除工资总额限制对国有企业、科研事业单位激励科技成果转化的不利影响，新《促进科技成果转化法》第 45 条第 3 款明确规定：国有企业、事业单位科技成果转化的奖励和报酬支出计入当年本单位工资总额，但不受当年本单位工资总额限制、不纳入本单位工资总额基数。对新《促进科技成果转化法》第 45 条第 3 款应重点从以下四个方面理解。

一是该款适用的范围是国有企业和国有事业单位。在实践中，国家出资设立的企业（包括公司，下同）主要有三种情况，即国家全资设立的企业、国家控股企业和国家参股企业。根据《财政部关于国有企业认定问题有关意见的函》（财企函〔2003〕9号），"从企业资本构成角度看，国有公司、企业应包括企业的所有者权益全部归国家所有、属《企业法》调整的各类全民所有制企业、公司（指《公司法》颁布前注册登记的非规范公司）以及《公司法》颁布后注册成立的国有独资公司、由多个国有单位出资组建的有限责任公司和股份有限公司"；"从企业控制力的角度看，国有公司、企业还应涵盖国有控股企业，其中，对国有股权超过50%的绝对控股企业，因国有股权处于绝对控股地位，应属国有公司、企业范畴；对国有股权处于相对控股的企业，因股权结构、控制力的组合情况复杂，如需纳入国有公司、企业范畴，应认真研究提出具体的判断标准。根据上述内容，国有公司、企业包括国有全资和国有绝对控股的公司、企业，而国有资本相对控股的公司、企业是否归属其范围，需要特别判断"。由此可见，对于国家全额出资的企业和国有股权超过50%的企业，均属于国有企业；国家参股且未绝对控股的企业，则需要根据具体情况进行确定，但一般不属于国有企业。根据国家事业单位登记管理局的《事业单位登记管理暂行条例实施细则》规定，事业单位，是指国家为了社会公益目的，由国家机关举办或者其他组织利用国有资产举办的，从事教育、科研、文化、卫生、体育、新闻出版、广播电视、社会福利、救助减灾、统计调查、技术推广与实验、公用设施管理、物资仓储、监测、勘探与勘察、测绘、检验检测与鉴定、法律服务、资源管理事务、质量技术监督事务、经济监督事务、知识产权事务、公证与认证、信息与咨询、人才交流、就业服务、机关后勤服务等活动的社会服务组织。国有事业单位即指由国家机关举办的事业单位。同时，还需注意新《促进科技成果转化法》第 45 条第 3 款和第 2 款适用范围的区别，第 2 款的适用范围是"国家设立的研究开发机构、高等院校"，第三款的适用范围是"国有企业、事业单位"，国有事业单位与国家设立的研究开发机构、高等院校是包含与被包含的关系，即国有事业单位包含国家设立的研究开发机构、高等院校。因此，所有的国有科研机构或高等院校可以依据新《促进科技成果转化法》第 45 条第 3 款的规定，其科技成果转化的奖励和报酬支出可以不受工资总额的限制；但是，并非所有的国有事业单位的职工均可要求适用新《促进科技成果转化法》第 45 条第 2 款规定的标准给予其科技成果转化的奖励和报酬。例如，一家国有医院由于属于国有事业单位，故该单位转化的奖励和报酬支出可以不受工资总额的限制，但是由于医院不属于"国家设立的研究开发机构、高等院校"，故其医生就不能要求适用新《促进科技成果转化法》第 45 条第 2 款之规定。

二是国有企业、事业单位对完成、转化职务科技成果做出重要贡献的人员给予奖励和报酬的支出需要计入当年本单位工资总额。之所以这样规定，主要是考虑到这些奖励和报酬确实属于本单位职工的工资性收入，同时，也是为了统计的便利。

三是国有企业、事业单位对完成、转化职务科技成果做出重要贡献的人员给予奖励和报酬的支出不受当年本单位工资总额限制。这是新《促进科技成果转化法》第 45 条第 3 款最关键的规定，同时，也是本次《促进科技成果转化法》修改工作的一个重要亮点。

四是国有企业、事业单位对完成、转化职务科技成果做出重要贡献的人员给予奖励和报酬的支出不纳入本单位工资总额基数。工资总额基数是指工资总额同经济效益挂钩方案中确定的工资总额或挂钩浮动的工资起点。根据历史性原则，在确定工资总额基数时通常需要考虑之前年度的工资总额。由于各年度科技成果转化奖励和报酬支出并不固定，变化幅度可能很大，加之法律已经规定了转化的奖励和报酬支出不受工资总额的限制，而工资总额基数主要是用于确定一个单位正常的工资总额，故就没有必要再将转化的奖励和报酬支出纳入单位工资总额基数。

第五章

科技成果转化与税收

　　税收政策是国家财税政策的重要组成部分，对于国家调控各领域工作具有重要意义。通过发挥经济、社会、政治功能，财税法可以理顺国家与纳税人、立法与行政、中央与地方、政府与市场等基本关系。这三大功能的适配组合能够起到"整体大于部分之和"的最优化效果，在国家治理的诸要素中协同发力、综合施治，共同为实现国家长治久安和社会经济发展提供制度保障。❶ 科技研发和科技成果转化对国民经济健康稳定发展具有重要推动作用，各国政府无不利用税收政策推动和促进科技研发和科技成果转化工作。为了促进科技成果转化和知识产权运用，我国相继出台了多项有关科技研发和科技成果转化的税收

---

❶　刘剑文. 财税法功能的定位及其当代变迁［J］. 中国法学，2015（4）.

政策。

一、营业税、增值税优惠政策和"营改增"

（一）营业税优惠政策

营业税的基本制度规定于《营业税暂行条例》中，该条例规定在我国境内提供条例规定的劳务、转让无形资产或者销售不动产的单位和个人，应缴纳营业税。其中的应税劳务，在营业税改征增值税（以下简称为"营改增"）之前，包括属于交通运输业、建筑业、金融保险业、邮电通信业、文化体育业、娱乐业、服务业税目征收范围的劳务。按照营业税征收的一般规定，应纳税额的计算为营业额×税率，营业额为纳税人提供应税劳务、转让无形资产或者销售不动产收取的全部价款和价外费用。纳税人营业额未达到营业税起征点的，免征营业税；达到起征点的，应当全额计算缴纳营业税，税率为5%。

对于从事部分"四技"服务的主体，国家在营业税方面给予免征的优惠。根据《财政部、国家税务总局关于贯彻落实〈中共中央国务院关于加强技术创新，发展高科技，实现产业化的决定〉有关税收问题的通知》（财税〔1999〕273号），对于单位和个人从事技术转让、技术开发业务和与之相关的技术咨询、技术服务业务取得的收入，免征营业税。但是，其中技术开发、技术转让业务，限于自然科学领域的技术开发和技术转让业务。这一规定广泛包含了技术开发、技术转让、技术咨询、技术服务等方面，涉及知识产权创造和运用的整个流程。同时，这一规定的适用主体亦非常宽泛，不仅包括我国的单位和个

人，也包括外商投资企业、外商投资设立的研究开发中心、外国企业和外籍个人。❶

科研机构和高等学校在科技成果转化方面的税收征收，政策另有特别规定。依据科技部、教育部、人事部、财政部、中国人民银行、国家税务总局、国家工商行政管理局《关于促进科技成果转化的若干规定》，科研机构和高等学校的技术转让收入免征营业税。对于非营利性科研机构而言，不仅从事技术转让免征营业税，根据《国务院办公厅转发科技部等部门关于非营利性科研机构管理的若干意见（试行）的通知》，非营利性科研机构从事技术开发业务和与技术开发、技术转让业务相关的技术咨询、技术服务所得的收入，亦免征营业税。当然，如果非营利性科研机构从事的是与科研业务无关的其他服务而取得的收入，应当按照规定缴纳各项税收。

对于企业而言，根据《财政部、国家税务总局关于国家大学科技园税收政策的通知》，在规定的时间内，符合条件的科技园向孵化企业出租场地房屋以及提供孵化服务的收入，免征营业税。其中的"孵化服务"是指为孵化企业提供的属于营业税"服务业"税目中"代理业""租赁业"和"其他服务业"中的咨询和技术服务范围内的服务。其中，孵化服务与知识产权创造与运用直接相关，而向科技园租用场地房屋的孵化企业则是创造型企业，也与知识产权创造和运用相关。这一规定向科技园提供了税收优惠，间接惠益了孵化企业。

在"营改增"试点中，符合"营改增"条件的相关

---

❶ 纪宏奎. 科技领域涉税优惠政策盘点［J］. 税政征纳，2010（7）.

范围、行业和主体的营业税优惠政策有所改变，由"营改增"试点过渡政策另行规定。

（二）增值税优惠政策

增值税的基本政策规定于《增值税暂行条例》中。在我国境内销售货物或者提供加工、修理修配劳务以及进口货物的单位和个人，须缴纳增值税。增值税纳税人分为一般纳税人和小规模纳税人，二者各有其计税方法。一般纳税人增值税征收采用一般计税方法，应纳税额为当期销项税额-当期进项税额。其中，销项税额为销售额×税率，即按照销售额和税率计算并向购买方收取的增值税额；进项税额是纳税人购进货物或者接受应税劳务支付或者负担的增值税额。根据《增值税暂行条例》，符合规定的进项税额可以从销项税额中抵扣。一般纳税人的税率分为三档，一般税率为17%；纳税人销售或者进口某些货物，税率为13%；纳税人出口货物，税率为零。

从事货物生产或者提供应税劳务的纳税人，以及以从事货物生产或者提供应税劳务为主，并兼营货物批发或者零售的纳税人，年应征增值税销售额在50万元以下的，和上述以外的纳税人年应税销售额在80万元以下的，则是小规模纳税人。另外，年应税销售额超过小规模纳税人标准的其他个人按照小规模纳税人纳税，非企业性单位、不经常发生应税行为的企业亦可选择按照小规模纳税人纳税。小规模纳税人采用的是简易计税方法，应纳税额为销售额×征收率，不抵扣进项税额，征收率为3%。

根据《增值税暂行条例》，直接用于科学研究、科学试验和教学的进口仪器、设备，免征增值税。

在软件行业，国家给予即征即退和免征增值税的税收优惠。一般纳税人销售其自行开发生产的软件产品，按17%税率征收增值税后，对其增值税实际税负超过3%的部分实行即征即退政策。一般纳税人将进口软件产品进行本地化改造后对外销售的，销售的软件产品亦可享受上述规定的增值税即征即退政策。对企业引进属于《国家高新技术产品目录》所列的先进技术，按合同规定向境外支付的软件费，免征进口环节增值税。这些政策促进了软件的开发、进口和本地化改造，也通过软件费的增值税优惠促进了企业引进高新技术。

对于符合条件的企业，国家给予免征进口环节增值税的优惠。根据《国务院关于印发实施〈国家中长期科学和技术发展规划纲要（2006－2020年）〉若干配套政策的通知》，在规定时间内，对符合国家规定条件的企业技术中心、国家工程（技术研究）中心等，进口规定范围内的科学研究和技术开发用品，免征进口环节增值税；对承担国家重大科技专项、国家科技计划重点项目、国家重大技术装备研究开发项目和重大引进技术消化吸收再创新项目的企业进口国内不能生产的关键设备、原材料及零部件，免征进口关税和进口环节增值税。

另外，对于高新技术企业，根据《国务院关于批准国家高新技术产业开发区和有关政策规定的通知》，经海关批准，可以在高新技术产业开发区内设立保税仓库、保税工厂。海关按照进料加工的有关规定，以实际加工出口数量，免征进口环节增值税。

（三）"营改增"后的优惠政策

营业税改征增值税（简称"营改增"），是指对一部分本来征收营业税的应税服务，不再征收营业税，而改为征收增值税。"营改增"改革，是为了改变目前存在的营业税重复征收的问题，以消除产业之间深化分工中的税收障碍，进一步完善税制。在我国加快转变经济发展方式、大力发展第三产业的背景下，"营改增"有利于促进服务业，尤其是现代服务业的发展。❶

2012年1月1日，交通运输业和部分现代服务业"营改增"试点在上海率先启动。与知识产权创造和运用密切相关的、包括研发和技术服务在内的部分现代服务业成为首先纳入试点的行业。2012年7月，"营改增"试点范围由上海分批扩大至北京等8个省和直辖市，到2013年8月1日，"营改增"试点在全国范围内推开。2014年，铁路运输、邮政业、电信业纳入"营改增"试点范围。❷"十二五"期间，我国将全面完成"营改增"改革。

在现代服务业中，与知识产权创造与运用相关的是研发、技术服务和文化创意服务。其中，研发和技术服务，包括研发服务、技术转让服务、技术咨询服务；文化创意服务，包括商标和著作权转让服务、知识产权服务。商标和著作权转让服务，是指转让商标、商誉和著作权的业务活动。知识产权服务，是指处理知识产权事务的业务活动，包括对专利、商标、著作权、软件、集成电路布图设计的代理、登记、鉴定、评估、认证、咨询、检索服务。

"营改增"后的计税方法与一般增值税计税方法相

---

❶ 王波、刘菊芳、龚亚麟. "营改增"政策对知识产权服务业的影响 [J]. 知识产权，2014（4）.

❷ 杨多萍、李晓杰. 增值税环境下高校科研涉税问题探究 [J]. 中国地质大学学报（社会科学版），2014（5）.

同，一般纳税人适用一般计税方法，小规模纳税人适用简易计税方法。但征税税率有所调整：部分现代服务业（有形动产租赁服务除外）的一般纳税人的税率为 6%，相对于"营改增"以前服务业 5% 的营业税，税率有所升高；小规模纳税人的征收率为 3%，相对于从前营业税 5% 的税率有所降低。

小规模纳税人的认定标准也与增值税一般政策不同。一般的区分标准为年应税销售额 50 万元和 80 万元，而在试点中，区分标准为年应税销售额 500 万元，超过 500 万元的纳税人为一般纳税人，未超过 500 万元的纳税人为小规模纳税人。应税服务年销售额超过 500 万元但不经常提供应税服务的单位和个体工商户可选择按照小规模纳税人纳税。这提高了一般纳税人的应税标准，增大了小规模纳税人的容纳空间。

"营改增"后，根据试点文件的规定，个人转让著作权，提供技术转让、技术开发和与之相关的技术咨询、技术服务，免征增值税。试点地区试点实施之日前，如果试点纳税人已经按照有关政策的规定享受了营业税税收优惠，在剩余税收优惠政策期限内，继续享受有关增值税优惠。可见，"营改增"在税收优惠方面，不会给纳税人增加负担。

"营改增"后，小规模纳税人增值税税率 3%，低于 5% 的营业税率，具有较为明显的减税作用；一般纳税人的增值税率为 6%，高于 5% 的营业税，但可以实行进项抵扣。可见，"营改增"的影响，取决于纳税人的性质，对于小规模纳税人减税幅度较大；一般规模纳税人税收负担

有可能加重，但由于可以抵扣部分进项税，税收并非必然增多。❶

对于高校而言，其横向科研经费支出大部分由劳务费、办公用品等费用构成，很少能够取得增值税专用发票，缺乏进项抵扣的基础，因此，如果高校被认定为一般纳税人，高校的税负可能会升高。❷ 但根据增值税一般规定，非企业性单位、不经常发生应税行为的企业可选择按照小规模纳税人纳税；根据试点规定，应税服务年销售额超过 500 万元但不经常提供应税服务的单位和个体工商户亦可选择按照小规模纳税人纳税。高校应当争取被认定为小规模纳税人，在采购过程中也应注意取得增值税进项发票。但无论高校是何种性质的纳税人，对于提供技术开发、技术转让和与之相关的技术咨询、技术服务等原属免征营业税范围的应税项目，现在都可以申请免征增值税。❸

二、企业所得税优惠政策

在我国境内，企业和其他取得收入的组织均为企业所得税的纳税人，按照《企业所得税法》缴纳企业所得税。其中，"企业"包括企业、事业单位、社会团体以及其他取得收入的组织，分为居民企业和非居民企业。居民企

---

❶ 王军."营改增"对高校横向科研社会问题的影响研究［J］. 华北科技学院学报，2014（11）.

❷ 窦静. 高校科研涉税问题的思考［J］. 会计师，2012（5）.

❸ 李静翠."营改增"环境下高校横向科研涉税问题思考［J］. 财会通讯，2013（8）.

业，是指依法在中国境内成立，或者依照外国（地区）法律成立但实际管理机构在中国境内的企业；非居民企业，是指依照外国（地区）法律成立且实际管理机构不在中国境内，但在中国境内设立机构、场所的，或者在中国境内未设立机构、场所，但有来源于中国境内所得的企业。个人独资企业、合伙企业则不适用《企业所得税法》。

企业所得税的应纳税额为应纳税所得额×适用税率-减免税额-抵免税额。企业的应纳税所得额，是企业每一纳税年度的收入总额减除不征税收入、免税收入、各项扣除以及允许弥补的以前年度亏损后的余额。企业所得税的税率为25%，符合条件的小型微利企业的税率则为20%。企业按照规定计算的固定资产折旧和无形资产摊销费用准予扣除。企业纳税年度发生的亏损，准予向以后年度结转，用以后年度的所得弥补，结转年限最长不得超过5年。

《企业所得税法》和《企业所得税法实施条例》对企业的知识产权创造和运用规定了一系列优惠政策。主要有以下几项。

减免税额。对于符合条件的技术转让所得，免征、减征企业所得税。在一个纳税年度内，企业技术转让所得不超过500万元的部分，免征企业所得税；超过500万元的部分，则减半征收企业所得税。❶ 但是，对技术咨询、技术服务、技术培训、技术承包等技术性服务取得的收入不

---

❶ 林加德. 新企业所得税法下高新技术企业税收筹划［J］. 中国高新技术企业，2008（24）.

属于企业所得税的优惠范围，享受企业所得税优惠仅限于技术转让所得，包括转让技术的使用权和转让技术的所有权。

加计扣除。企业为开发新技术、新产品、新工艺发生的研究开发费用，未形成无形资产计入当期损益的，在按照规定扣除的基础上，按照研究开发费用的50%加计扣除；形成无形资产的，按照无形资产成本的150%摊销。无形资产，包括专利权、商标权、著作权、非专利技术、商誉等。在规定的时间内，企业实际发生的技术开发费用当年抵扣不足部分，可以在5年内结转抵扣。❶

固定资产折旧。由于技术进步，产品更新换代较快的固定资产，可以采取缩短折旧年限或者加速折旧的方法。在规定的时间内，允许企业加速研究开发仪器设备折旧。企业用于研究开发的仪器和设备，单位价值在30万元以下的，可一次或分次摊入管理费，其中达到固定资产标准的单独管理，但不提取折旧；单位价值在30万元以上的，可采取适当缩短固定资产折旧年限或加速折旧的方法。❷

成本分摊。企业与其关联方共同开发、受让无形资产，或者共同提供、接受劳务发生的成本，在计算应纳税所得额时应当按照独立交易原则进行分摊。❸

资助扣除。对企事业单位、社会团体和个人等社会力

❶ 崔秀花.税法：知识产权战略实施的"加速器"[J].广西社会科学，2008 (7).

❷ 陈永伟、徐冬林.高新技术产业的创新能力与税收激励[J].税务研究，2010 (8).

❸ 陆正华、何宙翔、李其霞.新企业所得税法实施对高新技术企业的影响[J].财会月刊，2008 (9).

量通过公益性的社会团体和国家机关向科技部科技型中小企业技术创新基金管理中心用于科技型中小企业技术创新基金的捐赠，可以作为公益性捐赠予以税前扣除。对社会力量，包括企业单位、事业单位、社会团体、个人和个体工商户，资助非关联的科研机构和高等学校研究开发新产品、新技术、新工艺所发生的研究开发经费，经主管税务机关审核确定，资助支出可以全额在当年度应纳税所得额中扣除。上述规定以间接方式促进了企业和个人资助企业、科研机构、高等学校进行技术研发。税收政策发挥了引导投资方向的作用。

在绿色发展方面，环境保护、节能节水、安全生产等的专用设备，该专用设备的投资额的10%可以从企业当年的应纳税额中抵免；当年不足抵免的，可以在以后5个纳税年度结转抵免。

针对不同主体，企业所得税也有相应的特别优惠措施。

对于科研单位和高校，根据科技部、教育部、人事部、财政部、中国人民银行、国家税务总局、国家工商行政管理局《关于促进科技成果转化的若干规定》，科研单位、高等学校服务于各业的技术成果转让、技术培训、技术咨询、技术承包所取得的技术性服务收入免征所得税；根据《国务院批转国家教委等部门关于深化改革鼓励教育科研卫生单位增加社会服务意见的通知》，高等学校进行技术转让、技术咨询、技术服务、技术培训、技术承包、技术出口的收入所得，免征所得税；高等学校以技术入股形式与外单位联营分得的利润，免征所得税；以其他形式与外单位联营分得的利润，给予3年减半征收所得税的照顾。

对于非营利性科研机构而言，根据《国务院办公厅转发科技部等部门关于非营利性科研机构管理的若干意见（试行）的通知》，非营利性科研机构从事技术开发、技术转让业务和与之相关的技术咨询、技术服务所得的收入，免征企业所得税，非营利性科研机构从事上述非主营业务收入用于改善研究开发条件的投资部分，可以抵扣企业所得税应纳税所得额，仅就其应纳税所得额余额部分征收企业所得税。社会力量对非关联的非营利性科研机构的新产品、新技术、新工艺所发生的研究开发经费资助，其资助支出可以全额在当年度企业所得税应纳税所得额中扣除。❶

对国家需要重点扶持的高新技术企业，按照 15% 的税率征收企业所得税，相比于一般 25% 的税率，降低了10%。高新技术企业必须拥有核心自主知识产权，并且产品和服务、产品和服务取得的收入、研究开发费用、科技人员占比都达到法律所规定的标准。当前的《企业所得税法》已经将过去对高新技术企业的区域优惠政策调整为产业优惠为主、区域优惠为辅的政策，全国范围内的高新技术企业都实行 15% 的税率优惠政策。这更有利于促进高新技术企业的发展。❷

另外，根据《国务院关于批准国家高新技术产业开发区和有关政策规定的通知》，对内资办的高新技术产业开

---

❶ 靳东升、王则斌. 对我国非营利性科研机构的税收政策思考［J］. 中国科技产业，2002（1）.

❷ 姚军、朱雪忠. 促进我国知识产权发展的税制改革研究［J］. 经济师，2006（11）.

发区企业，技术转让所得以及在技术转让过程中发生的与技术转让有关的技术咨询、技术服务、技术培训所得，年净收入在 30 万元以下的，免征所得税；超过 30 万元的部分，按适用税率征收所得税。对属于"火炬"计划开发范围的高新技术产品，凡符合新产品减免税条件并按规定减免产品税、增值税的税款，可专项用于技术开发，不计征所得税。

高新技术企业的研发成本、人力成本占成本比例很高，税收政策允许高新技术企业的合理工资薪金支出予以扣除，即允许税前扣除实际工资、薪金。这一规定对高新技术企业是较大利好。❶ 高新技术企业的技术发展往往需要长期研发，而长期研发常常由企业的几家子公司联合完成，《企业所得税法》规定无形资产的研发成本和劳务成本可以在关联企业之间合理分摊，有利于高新技术企业合理分摊研发成本，降低个别企业研发的资金需求。

三、个人所得税政策

在中国境内有住所，或者无住所而在境内居住满一年的个人，从中国境内和境外取得的所得，和在中国境内无住所又不居住或者无住所而在境内居住不满一年的个人，从中国境内取得的所得，均应依照《个人所得税法》规定缴纳个人所得税。

个人所得税的应税范围包括劳务报酬所得、稿酬所

---

❶ 孙一冰，邢堃．"税眼"扫描，税收政策助力高科技成果产业化［J］．中国税务，2006（11）．

得、特许权使用费所得。劳务报酬所得包括从事法律、咨询、技术服务所得。稿酬所得，是指个人因其作品以图书、报刊形式出版、发表而取得的所得。特许权使用费所得，是指个人提供专利权、商标权、著作权、非专利技术以及其他特许权的使用权取得的所得。三种所得均适用比例税率，稿酬所得税率为 20%，并按应纳税额减征 30%，劳务报酬所得和特许权使用费所得税率为 20%。

对于从事知识产权创造和运用取得的个人所得，国家给予税收优惠。

对于劳务报酬所得、稿酬所得、特许权使用费所得，每次收入不超过 4000 元的，减除费用 800 元；4000 元以上的，减除 20% 的费用，其余额为应纳税所得额。

对于省级人民政府、国务院部委和中国人民解放军军以上单位，以及外国组织、国际组织颁发的科学、技术等方面的奖金，免征个人所得税。

在科研机构的奖励和奖金中，根据《国务院批转国家教委等部门关于深化改革鼓励教育科研卫生单位增加社会服务意见的通知》，专项奖励不计入科研单位奖金总额，免征奖金税，由科研单位自主使用。各类科研单位全年发放奖金的免税限额，放宽到人均四个半月基本工资。全年发放奖金总额超过免税限额的部分，按规定征收奖金税。另外，根据《国家税务总局关于促进科技成果转化有关个人所得税问题的通知》，在科研机构、高等学校的知识产权转化中，转化职务科技成果以股份或出资比例等股权形式给予科技人员个人奖励，获奖人在取得股份、出资比例时，暂不缴纳个人所得税，只有在取得按股份、出资比例分红或转让股权、出资比例所得时，才缴纳个人所得税。

这一规定，消除了获奖人在知识产权转化中的税收风险。❶

根据《国务院关于印发实施〈国家中长期科学和技术发展规划纲要（2006－2020年）〉若干配套政策的通知》，在法律规定的时间内，个人通过公益性的社会团体和国家机关向科技型中小企业技术创新基金和经国务院批准设立的其他激励企业自主创新的基金的捐赠，可以按照规定，在缴纳个人所得税时予以扣除。

对于内资办的高新技术开发区企业，从其留用的技术转让、技术咨询、技术服务、技术培训净收入中提取的奖金，不超过15%的部分，可以不征收奖金税。

四、关税优惠政策

我国准许进出口的货物、进境物品，除法律、行政法规另有规定外，海关依照《进出口关税条例》规定征收进出口关税。进出口货物关税，一般按照从价计征、从量计征的方式征收。从价计征方式中，应纳税额为完税价格×关税税率；从量计征方式中，应纳税额为货物数量×单位税额。

根据《进出口关税条例》规定，进口时在货物的价款中列明的厂房、机械、设备等货物进口后进行建设、安装、装配、维修和技术服务的费用，不计入该货物的完税价格。开展科研、教学、医疗活动使用的仪器、设备及用

---

❶ 黄钢平，麦方. 税收制度视野下的企业无形资产拓展［J］. 税务与经济，2000（4）.

品，在进境或者出境时纳税义务人向海关缴纳相当于应纳税款的保证金或者提供其他担保的，经海关批准，可以暂不缴纳关税，并在进境或者出境之日起 6 个月内复运出境或者复运进境。

对部分符合条件的企业，免征关税。根据《国务院关于印发实施〈国家中长期科学和技术发展规划纲要（2006 — 2020 年）〉若干配套政策的通知》，在法律规定的时间内，对符合国家规定条件的企业技术中心、国家工程（技术研究）中心等，进口规定范围内的科学研究和技术开发用品，对承担国家重大科技专项、国家科技计划重点项目、国家重大技术装备研究开发项目和重大引进技术消化吸收再创新项目的企业进口国内不能生产的关键设备、原材料及零部件，均免征进口关税。根据《财政部、国家税务总局关于贯彻落实〈中共中央国务院关于加强技术创新，发展高科技，实现产业化的决定〉有关税收问题的通知》，对企业引进属于《国家高新技术产品目录》所列的先进技术，按合同规定向境外支付的软件费，免征关税。

对于高新技术企业，《国务院关于批准国家高新技术产业开发区和有关政策规定的通知》，经海关批准，高新技术企业可以在高新技术产业开发区内设立保税仓库、保税工厂。海关按照进料加工的有关规定，以实际加工出口数量，免征进口关税。

五、知识产权作价投资所得税政策

2015 年 3 月 30 日，财政部、国家税务总局下发了

《关于个人非货币性资产投资有关个人所得税政策的通知》（财税〔2015〕41号，以下简称"《通知》"）。根据该通知，科技人员在利用知识产权进行创业时，一旦创业失败，不仅前期投入血本无归，而且还有可能拖欠国家巨额个人所得税。因此，该通知将对创新创业的科技人员产生重大税务风险，也与当前国家鼓励创新创业的政策不符，需要进行检视和改善。因此，在讨论科技成果转化税收政策时，应特别对该《通知》加以重视。

（一）《通知》的主要内容

《通知》主要内容只有一点，即个人以非货币资产作价投资取得公司股权视为个人"转让"非货币性资产和"投资"同时发生，故应当根据《个人所得税法》"财产转让所得"项目缴纳个人所得税。同时，《通知》考虑到个人以非货币资产作价投资仅仅是取得了公司的股权，尚未取得实际的货币利益，一次性缴税有困难，故允许纳税人在报主管税务机关备案后5年内分期缴纳个人所得税。

《通知》实际上是对以前多年悬而未决的有关个人以非货币资产投资是否缴纳个人所得税以及应如何缴纳个人所得税的问题进行了明确。例如，2005年国家税务总局在《关于非货币性资产评估增值暂不征收个人所得税的批复》（国税函〔2005〕319号）中指出："考虑到个人所得税的特点和目前个人所得税征收管理的实际情况，对个人将非货币性资产进行评估后投资于企业，其评估增值取得的所得在投资取得企业股权时，暂不征收个人所得税。在投资收回、转让或清算股权时如有所得，再按规定征收个人所得税，其'财产原值'为资产评估前的价值。"而该批复在 2011 年被废止。同时，《通知》第 6 条规定："对 2015 年 4 月 1 日之前发生的个人非货币性资产投资，尚未进行税收处理且自发生上述应税行为之日起期限未超过 5 年的，可在剩余的期限内分期缴纳其应纳税款。"由此可见，在上述批复被废止之后《通知》施行之前，税务机关原则上是要求个人在以非货币资产投资后立即缴纳个人所得税，但实际执行情况可能很不乐观，或并未被税务机关和投资者严格执行。另外，根据笔者对某几地税务机关的电话咨询，他们的答复均是：在《通知》施行之前以知识产权作价投资成立公司是暂不征收个人所得税的，但在股权转让或公司分红时需要征收个人所得税。

（二）《通知》对投资者的影响

《通知》第 5 条规定："本通知所称非货币性资产，是指现金、银行存款等货币性资产以外的资产，包括股权、不动产、技术发明成果以及其他形式的非货币性资产。"所以，本通知主要涉及以股权、不动产和知识产权作价投资的行为。《个人所得税法》规定，按照"财产转让所得"项目缴纳个人所得税，适用比例税率，税率为 20%。《个人所得税法》第 6 条第（五）项规定，"财产转让所得"项目的应纳税所得额是转让财产的收入额减除财产原值和合理费用后的余额。因此，个人以非货币资产作价投资应当缴纳的个人所得税的金额就是该非货币资产的投资作价减除财产原值及合理费用后的余额乘以 20%。另外，需要注意的是，《通知》所规定的 5 年分期缴纳制度与先前的暂不缴纳制度具有本质区别。按照暂不缴纳制度，创业者只要还未获得实质的创业收益，那么他就没有缴纳个人所得税的义务；而按照 5 年分期缴纳制度，则创业者无论是否创业成功，他都负有在 5 年内按照创业时对该非货币资产估价的标准缴纳个人所得税的义务。

客观地说，《通知》无论是对股权作价投资、不动产作价投资，还是对知识产权作价投资，均会产生一定抑制作用。如果对上述三种方式的作价投资进行比较，则对知识产权作价投资的抑制作用尤为明显。这是因为拟作价投资的股权或不动产通常均有与拟作价格相当的"财产原值"，并且投资者也相对容易加以证明，因此，以股权或不动产作价投资的投资者在减除财产原值及合理费用后，其所需缴纳的个人所得税可能并不高。而如果科技人员以其所创造的知识产权作价投资，由于其科技成果及其知识产权是在其长时间的学习、研究基础上形成的，而科技人员的学习、研究成本难以进行具体计算和证明，也并不被税务机关视为知识产权的"财产成本"或"财产原值"，因此，如果按照《通知》的规定，科技人员以其知识产权作价投资，那么该知识产权的"财产原值"就为零，在这种情况下，科技人员就需要按照该知识产权的作价价格的 20% 缴纳个人所得税。例如，某科技人员甲与某投资者乙共同成立一家科技公司丙，甲以其专利权作价 100 万出资获取公司丙 50% 的股权，乙以 100 万现金出资获取公司丙另外 50% 的股权。那么在这种情况下，乙不需缴纳个人所得税；而甲则需要在 5 年内向税务机关缴纳 20 万元的个人所得税。即使公司丙在 5 年内未进行公司分红，甚至公司丙倒闭，甲缴纳个人所得税的义务亦不能免除；如果该科技人员未按时申报个人所得税，或者经催缴后未实际缴纳个人所得税，则有可能根据我国《刑法》规定被追究刑事责任。

（三）《通知》的理论基础与辨析

《通知》之所以认为需要对以非货币性资产作价投资征收个人所得税，主要是因为《通知》制定者认为以非货币性资产作价投资的行为属于个人"转让"非货币性资产和"投资"同时发生的行为。笔者认为这种认识值得商榷。

如果按照《通知》制定者的理论，认为非货币财产作价出资中包含着非货币资产的"转让"，那么受让方显然应该是公司，而出让方则显然是非货币资产的所有者，即作价出资者。假设该非货币资产是一项专利权，作价100万元，那么按照《通知》制定者的理论，在该项专利权作价出资入股的过程中，就应该包括以下两个步骤：第一个步骤是专利权转让步骤，即专利权人将专利权转让给公司并获得100万元现金，公司受让专利权并向专利权人支付100万元现金；第二个步骤是出资步骤，即专利权人将该100万元现金作为出资交付给公司，并获得相应的公司股份。由此可见，按照《通知》制定者的理论，如果认为专利权作价出资包含专利权"转让"和"投资"两个行为，那么专利权人在对公司投资时所投入的并非其所持有的专利权，而是其专利权变现后所获得的货币。根据《公司法》第27条的规定，投资者是可以用专利权直接投资的；而按照《通知》制定者的理论，专利权人必须变现后用货币才能投资公司。显然，《通知》在实质上间接地否定了专利权作价投资，与《公司法》第27条有一定冲突。

另外，即使在以所得税为国家财政主要来源的美国也并非对知识产权作价投资行为全部征收个人所得税。根据美国税法的规定，如果知识产权权利人与其他股东作为一个团队拥有公司的80%以上的控股权，那么知识产权权利人的知识产权作价投资行为就不需要缴纳个人所得税；当然，知识产权权利人在转让该股权或获得股权分红时需要缴纳个人所得税。根据美国权威税法学者 Jeffrey A. Maine 教授的解释，美国税法这样规定的逻辑是：在作价投资前，知识产权权利人是直接控制该专利权的，在作价投资后，知识产权权利人通过控股权控制公司进而间接控制其专利权，因此，在这种情况下，知识产权作价投资行为并未对知识产权的控制权做出实质改变，所以，也就不需要缴纳所得税。

（四）知识产权作价投资的特殊性与必要性

虽然我国《公司法》第27条明确了投资者可以知识产权作价投资，并且知识产权作价投资不再受公司注册资本比例的限制，但是由于很多同志对知识产权作价投资的特殊性和重要意义仍没有清晰的认识，故尽管有法律的明确规定，有些同志仍会自觉或不自觉地在实践中否定或阻碍知识产权作价投资行为。因此，解决对知识产权作价投资的认识问题至关重要。

有些同志之所以对知识产权作价投资有抵触情绪，主要是因为他们认为作为公司资本的知识产权不如货币、不动产等"靠谱"，尤其是一个公司的注册资本如果全部是以知识产权作价投资，这些同志没有看到任何公司"实物"，就会觉得这样的公司是"骗子公司"或"忽悠公司"。其实，这样的认识是错误的。

客观地讲，与货币或不动产、有价证券等相比，知识产权作价投资最主要的特点就是知识产权价格不能准确评估。知识产权价格评估是一个世界性难题，目前没有很好的解决方案，且根据知识产权的特点，在可预见的未来应也不会有非常客观的评估模型。虽然现在市场上有知识产权价格评估机构，也有知识产权价格评估的市场行为，但是一项知识产权的价格到底是多少，通常只能依靠相关当事人根据当时的情况和预期确定一个双方都能接受的价格。因此，在以知识产权作价投资入股时，无论是市场监管机构，还是投资者（包括知识产权权利人，也包括以其他资产投资入股的投资者），面临的一个重要难题就是投资入股的知识产权的真正价格应是多少？而这个问题是无解的，因为任何人都不能准确评估知识产权的价格。

我们说知识产权的价格不能准确评估，并不代表知识产权没有价值或价格。相反，随着市场经济的发展，知识产权的价值越来越高，在公司总财富中所占的比重也越来越大。同时，无论是在作价投资过程中，还是在后续的公司运营过程中，知识产权对公司的价值均有可能发生较大变化，既可能变高，也有可能变低。知识产权显著增值了，不可能将增值部分退还给作价投资者；知识产权价值变小了，显然让作价投资者进行补偿也是不合理的。这些都是正常的市场风险，从本质上讲，也都是正常的市场行为。当然，我国在市场经济建设初期，考虑到公司债权人风险意识不强，《公司法》非常严格地贯彻公司资本三原则，故《公司法》亦对知识产权作价投资占公司注册资本的比例有比较严格的限制。而随着我国市场经济的发展，市场主体的市场意识逐渐增强，故《公司法》对知识产权作价投资占公司注册资本的比例限制逐渐放松，乃至最终取消。

另外，无论是创新创业，还是科技成果转化，均需要资本的支持。技术只有与资本结合起来，才能够形成先进生产力。技术与资本结合的基本方式有三种：一是作为拥有技术的创业者从资本方借用资金，然后利用该资金设立公司进行市场转化；二是技术所有者将知识产权许可或转让给资本方，资本方利用该知识产权并出资设立公司进行市场转化；三是技术所有者以知识产权、资本方以其资金共同设立公司进行市场转化。当然，上述三种方式可能还有很多变形，比如，第三人从资本方贷款获得一定资金，然后再与技术所有者进行合作。但是，万变不离其宗，技术与资本结合的基本方式只有以上三种。

在上述第一种方式中，技术所有者进行创业的资金是贷款而来的，他不仅要偿还本金，而且还要偿还利息，一旦创业失败，技术所有者就会负债累累，风险极大，故技术所有者很少使用这种方式进行创业；同时，对于资本方而言，其收益仅限于利息收入，而不能获得公司成功所带来的投资收益。在上述第二种方式中，技术所有者可以获得许可或转让的稳定收益，但是也丧失了公司创业成功所带来的巨大投资收益；而对资本方而言，其固然可以获得公司创业成功所能带来的巨大投资收益，但是其先期需要投入两笔资金，一是设立公司所需要的资金，二是许可费或转让费，一旦创业失败，上述两笔资金均会损失，风险很大。在上述第三种方式中，资本方仅需投入设立公司所需资金即可，技术所有者也仅需投入其技术及知识产权，如果公司创业成功，资本方和技术所有者均可以获得设立公司的投资收益，虽然可能不如单独设立公司的投资收益大，但是也是非常可观的；同时，一旦创业失败，资本方仅损失设立公司的资金，而不会损失许可费或转让费，技术所有者也仅损失其技术及知识产权，但不会有其他资金的损失。同时，从社会总投资角度讲，上述第三种方式的科技成果转化所需资金仅仅是设立公司所需的资金，而不包括许可费或转让费，所以相比上述第二种方式，第三种转化方式所需占用的社会总投资是最少的。如果再考虑到上述第三种方式能够促使资本、技术、管理的高度融合，那么，在上述三种方式中，第三种方式是双方当事人风险均可控、预期收益均较大且最易实现的优选方式。因此，知识产权作价投资对于"万众创业，大众创新"和促进科技成果转化具有极为重要的意义。

（五）相关政策建议

2015 年 3 月，中共中央、国务院下发了《关于深化体制机制改革加快实施创新驱动发展战略的若干意见》；8 月，全国人大常委会又对《促进科技成果转化法》进行了修改。《意见》和新《促进科技成果转化法》均明确鼓励科研人员或科研单位以知识产权作价投资的方式转化科技成果。而目前我国有关知识产权作价投资的税收制度显然会打击科研人员或科研单位以知识产权作价投资的积极性，也不利于国家创新驱动发展战略的实施。针对上述问题，提出以下政策建议。

第一，以新《促进科技成果转化法》为契机，尽快进行调研，统筹设计和制定科技成果转化税收优惠政策。

新《促进科技成果转化法》第 34 条规定："国家依照有关税收法律、行政法规规定对科技成果转化活动实行税收优惠。"而目前我国并无针对科技成果转化的税收法律或行政法规，甚至也没有专门针对科技成果转化的税收优惠的具体法律条款，因此，当务之急是尽快进行调查研究，形成有关促进科技成果转化的税收优惠的顶层设计，并在相关税收法律或行政法规中予以实现。

第二，在所得税实际征收过程中，对知识产权作价投资做出合理安排，避免发生知识产权权利人未获得任何实际收益却需要缴纳所得税的不合理现象。在国家税收法律、行政法规以及相关规章对促进科技成果转化税收优惠措施做出明确规定之前，税务部门在执行《通知》规定时应当坚持合理性原则，允许知识产权权利人和从单位获得股权奖励的科技人员在知识产权作价投资后、获取实际收益前暂不缴纳所得税；如果该股权转让或获得股权分红的，则应以股权转让或股权分红的金额为限，按照《通知》规定缴纳所得税；如果所作价投资的公司因经营问题而终止，则知识产权权利人或获得股权奖励的科技人员以其所获得的对应的公司清算资产作为该项知识产权的"财产转让所得"而缴纳个人所得税。当然，如果考虑到上市股份公司的股票已经具有充分的流动性，可以视为实际收益，那么对上述知识产权作价投资的合理安排可以仅局限于有限责任公司和未上市的股份有限公司。

第三，对股权奖励亦应给予平等的税收优惠政策。根据《财政部、国家税务总局关于促进科技成果转化有关税收政策的通知》（财税字〔1999〕045 号）规定，自 1999年 7 月 1 日起，科研机构、高等学校转化职务科技成果以股份或出资比例等股权形式给予个人奖励，获奖人在取得股份、出资比例时，暂不缴纳个人所得税。取得按股份、出资比例分红或转让股权、出资比例所得时，应依法缴纳个人所得税。《国家税务总局关于促进科技成果转化有关个人所得税问题的通知》（国税发〔1999〕125号）同时也规定，科研机构、高等学校转化职务科技成果以股份或出资比例等股权形式给予科技人员个人奖励，经主管税务机关审核后，暂不征收个人所得税。但获奖人转让股权、出资比例，对其所得按"财产转让所得"应税项目征收个人所得税，财产原值为零。根据上述规定，对于科研机构和高校利用科技成果投资入股给予科技人员股权奖励，科技人员在获得股权激励时可以暂不缴纳个人所得税。而企业利用科技成果投资入股给予本企业科技人员股权奖励，则需要缴纳个人所得税。这样，显然不利于企业职务科技成果的转化，同时，也不公平。因此，建议以新《促进科技成果转化法》的实施为契机解决这个问题，可在未来的相关税收法规中规定：单位以出资比例或股份形式给予完成科技成果及其转化做出重要贡献的人员奖励的，获得奖励人在取得出资比例或股份时不缴纳个人所得税；获得奖励人按股份、出资比例获得分红或转让股权、出资比例时，应依法缴纳个人所得税。

第六章

科技成果转化与科技报告制度

科技研发必须站在"巨人的肩膀上"。同时,科技成果本质是一种技术信息,其表现形式主要是技术文献资料。而促进科技成果转化首先需要促进技术信息的传播、扩散,并尽可能进行产业化应用。因此,为了夯实我国科技研发的基础,增强科技信息传播的能力,进而促进科技进步和科技成果的转化利用,我国亟需建立全面权威的以科技报告和知识产权文献信息为基础的国家级科技成果信息体系。建立国家科技成果信息体系,应该以改革的精神,打破部门利益和地方利益,特别需要建立和完善科技报告制度。作为一项重要举措,新《促进科技成果转化法》具体规定了涉及科技成果的科技报告制度。

一、国家科技报告服务系统

2012 年 7 月,中共中央、国务院印发《关于深化科技体制改革加快国家创新体系建设的意见》（中发〔2012〕6号），明确提出加快建立统一的科技报告制度。为了落实中央决定，推动国家科技计划科技报告的统一呈交、集中收藏、规范管理和共享使用，科技部于 2013 年 10 月印发了《国家科技计划科技报告管理办法》。

根据《国家科技计划科技报告管理办法》的界定，科技报告是指描述科研活动的过程、进展和结果，并按照规定格式编写的科技文献，目的是促进科技知识的积累、传播交流和转化应用。该办法的适用对象是以中央财政投入为主、由科技部组织实施的国家科技计划、专项、基金；国家科技重大专项和国家科技奖励的科技报告工作参照该办法执行。该办法指定中国科学技术信息研究所负责国家科技计划科技报告的接收、保存、管理和服务。并明确其主要职责为：编制科技报告标准规范，协助开展科技报告宣传培训工作；开展科技报告的集中收藏、统一编码、加工处理和分类管理等日常工作；建设和维护科技报告共享服务系统，开展科技报告的共享服务；对国家科技计划科技报告产出进行统计分析，推动科技报告资源的开发利用。该办法要求国家科技计划项目（课题）承担单位应充分履行法人责任，将科技报告工作纳入本单位科研管理程序，指定专人负责本单位科技报告工作，并提供必要的条件保障；督促项目（课题）负责人按要求组织科研人员撰写科技报告，统筹协调项目（课题）各参与单位共同推进科技报告工作；负责本单位所承担项目（课题）的科技报告审查和呈交工作。国家科技计划项目（课题）承担单位需要呈交的科技报告主要有：项目（课题）年度报告、中期报告及验收（结题）报告；项目

（课题）实施过程中产生的实验（试验）报告、调研报告、工程报告、测试报告、评估报告等蕴含科研活动细节及基础数据的报告。

科技报告使用按照"分类管理、受控使用"的原则向社会开放共享。"公开"和"延期公开"科技报告摘要向社会公众提供检索查询服务；"公开"科技报告全文向实名注册用户提供在线浏览和推送服务；"延期公开"科技报告全文实行专门管理和受控使用；涉密项目（课题）的科技报告严格按照国家相关保密规定进行管理。

由于《科技部国家科技计划科技报告管理办法》的适用范围仅限于由科技部组织实施的国家科技计划、专项、基金等项目，为了避免重复研发、扩散科技信息、促进科技成果转化需要将全社会的科研项目的科技成果信息进行统一的汇集和报告，故国务院办公厅于2014年9月又批转了科技部《关于加快建立国家科技报告制度的指导意见》，部署进一步加快建立国家科技报告制度，推动科技成果的完整保存、持续积累、开放共享和转化应用。《关于加快建立国家科技报告制度的指导意见》进一步对"科技报告"的含义进行了明确，指出科技报告是描述科研活动的过程、进展和结果，并按照规定格式编写的科技文献，包括科研活动的过程管理报告和描述科研细节的专题研究报告。该指导意见要求科技报告坚持分步实施，在相关地方和部门先行试点，财政性资金资助的科技项目必须呈交科技报告，引导社会资金资助的科研活动自愿呈交科技报告。坚持统一标准，规范科技报告的撰写、积累、收藏和共享。坚持分类管理，在做好涉密科技报告安全管理的同时，把强化开放共享作为工作重点，充分发挥科技报告的作用。坚持分工协作，科技行政主管部门、项目主管机构、项目承担单位各负其责，建立协同创新的工作机制，并明确提出到 2020 年建成全国统一的科技报告呈交、收藏、管理、共享体系，形成科学、规范、高效的科技报告管理模式和运行机制。

《关于加快建立国家科技报告制度的指导意见》要求在科技报告的组织管理机制方面，科技部负责科技报告工作的统筹规划、组织协调和监督检查，牵头拟订国家科技报告制度建设的相关政策，制定科技报告标准和规范，对各地、各有关部门科技报告工作进行业务指导，委托相关专业机构承担国家科技报告日常管理工作，负责全国范围内科技报告的接收、收藏、管理和共享服务，开展国家科技报告服务系统的开发、运行、维护和管理工作。各地、各有关部门应将科技报告工作纳入本地、本部门管理的科技计划、专项、基金等科研管理范畴，在科研合同或任务书中明确项目承担单位须呈交科技报告的具体要求，依托现有机构对科技报告进行统一收藏和管理，并定期向科技部报送非涉密和解密的科技报告。对涉及国家安全等不宜公开的科技报告，项目承担单位应提出科技报告密级和保密期限建议，由项目主管机构按照国家有关保密规定进行确认，并负责做好涉密科技报告管理工作。项目承担单位应建立科技报告工作机制，结合项目和工作要求，组织科研人员撰写科技报告，对本单位拟呈交的科技报告进行审核，并及时向项目主管机构呈交科技报告。科研人员应增强撰写科技报告的责任意识，将撰写合格的科技报告作为科研工作的重要组成部分，根据科研合同或任务书要求按时保质完成科技报告，并对内容和数据的真实性负责。科研人员在科研工作中享有检索和使用科技报告的权利，应积极借鉴、参考已有科技报告，高起点开展研究工作。为了推动科技报告的持续积累和开放共享，对目前已验收（结题）的科技项目，有条件的地方和部门应开展科技报告回溯工作。在做好财政性资金资助科技项目科技报告收集的同时，鼓励引导社会资金资助的科研活动通过国家科技报告服务系统向科技部或其委托机构呈交科技报告。科技部及其委托机构应对全国范围内收集的科技报告进行加工整理、集中收藏和统一管理。科技部及其委托机构应根据分级分类原则，通过国家科技报告服务系统面向项目主管机构、项目承担单位、科研人员和社会公众提供开放共享服务。鼓励有条件的地方、部门推动本地、本部门科技报告的共享使用。各地、各有关部门要切实做好科技报告共享服务过程中的安全保密管理和知识产权保护工作，保障科研人员和项目承担单位的合法权益。科技部和项目主管机构应组织相关单位开展科技报告资源深度开发利用，做好立项查重，避免科技项目重复部署；实时跟踪科技项目的阶段进展、研发产出等情况，服务项目过程管理；对相关领域科技发展态势进行监测，为技术预测和国家关键技术选择提供支撑；梳理国家重大科技进展和成果并向社会公布，推动科技成果形成知识产权和技术标准，促进科技成果转化和产业化。

中国科学技术信息研究所承担了"国家科技报告服务系统"具体建设工作。该系统网址为 www.nstrs.cn。"国家科技报告服务系统"于 2013 年 11 月 1 日开通了征求意见版（第一阶段），展示了 1000 份最终报告，向社会公众提供公开科技报告摘要浏览服务，向经实名注册的科研人员提供在线全文浏览服务；2014 年 1 月 1 日开通了征求意见版（第二阶段），展示了 3000 份科技报告，这些报告都是依据"十一五"期间已验收（项目）课题的验收报告加工而成。国家科技报告服务系统于 2014 年 3 月 1 日正式上线。系统分别面向社会公众、专业人员和管理人员三类用户提供服务。向社会公众无偿提供科技报告摘要浏览服务，社会公众不需要注册，即可通过检索科技报告摘要和基本信息，了解国家科技投入所产出科技报告的基本情况。向专业人员提供在线全文浏览服务，专业人员需要实名注册，通过身份认证即可检索并在线浏览科技报告全文，不能下载保存全文。科技报告作者实名注册后，将按提供报告页数的 15 倍享有获取原文推送服务的阅点。向各级科研管理人员提供面向科研管理的统计分析服务，管理人员通过科研管理部门批准注册，免费享有批准范围内的检索、查询、浏览、全文推送以及相应统计分析等服务。该系统根据广大科技人员和社会公众提出来的意见和建议，进行了多方面改进和完善，例如，在首页增加报告分类导引及其数量；增加"延期公开"科技报告的摘要查询服务，提供课题联系人信息，便于沟通交流；先期向科技报告贡献者赠予"阅点"，"阅点"是用于获取全文推送服务的支付单位，科技报告第一作者也可进行"阅点"转赠；全文在线浏览中增加目录导引，改进翻页功能；强化了课题关联信息的呈现，实现科技报告与计划项目执行情况和研究成果间的关联和链接；同时，增加了面向管理人员的统计分析服务。随着科技报告呈交管理的不断规范，除最终报告外，科研单位将在科研项目实施过程中提交更多的专题报告、进展报告等，报告资源总量将不

断扩充。❶

二、国家科技成果转化项目库

2011 年 7 月，科学技术部和财政部联合印发了《国家科技成果转化引导基金管理暂行办法》（财教〔2011〕289 号），明确提出了建立国家科技成果转化项目库，为科技成果转化提供信息支持服务。《国家科技成果转化引导基金管理暂行办法》第 6 条规定：科技部、财政部建立国家科技成果转化项目库，为科技成果转化提供信息支持。应用型国家科技计划项目（课题）完成单位应当向成果库提交成果信息。行业、部门、地方科技计划（专项、项目）产生的科技成果，分别经相关主管部门和省、自治区、直辖市、计划单列市（以下简称"省级"）科技部门审核推荐后可进入成果库；部门和地方所属事业单位产生的其他科技成果，分别经相关主管部门和省级科技部门审核推荐进入成果库。该办法同时规定，成果库的建设和运行实行统筹规划、分层管理、开放共享、动态调整。鼓励部门、行业、地方参与成果库的建设。成果库中的科技成果摘要信息，除涉及国家安全、重大社会公共利益和商业秘密外，向社会公开。

因此，科技成果转化项目库收录的对象是指财政性资金支持产生的、可转化的应用型科技成果信息，其类型包括新技术、新产品、新工艺、新材料、新装置及其系统

---

❶ 国家科技报告服务系统简介 ［OL］. http://www.nstrs.cn/Admin/Content/AboutUs.aspx.

等。建立转化项目库，对财政科技投入形成的成果信息进行全面保存和共享，为国家科技成果引导基金提供信息支持，为社会公众了解科技成果的基本状况，为中介机构、成果持有机构和投融资机构提供信息发布、检索和统计分析，为科技管理部门成果监管和决策支持提供综合性的服务平台，对推动科技成果转化具有重要意义。

同时，根据《国家科技成果转化引导基金管理暂行办法》的规定，只有加入转化项目库的科技成果在进行转化时才能受到国家科技成果转化引导基金创业投资子基金或贷款风险补偿机制的优惠待遇。

国家科技成果转化项目库由中国科学技术信息研究所具体建设和维护，网址是 www.nstad.cn。转化项目库于 2014 年 9 月 26 日正式上线，开通了针对科技管理机构、投融资机构、成果持有机构、中介机构和社会公众 5 类用户的服务：（1）向社会公众无偿提供科技成果基本信息的浏览服务，社会公众不需要注册，即可浏览科技成果的基本信息，了解财政资金资助的科技项目所产出科技成果的状况。（2）向中介机构提供成果和投融资信息的检索和统计分析服务。中介机构需要实名注册，通过身份认证即可检索查询成果详细信息、投融资意向的详细信息，并可获取分类统计信息。（3）向成果持有机构提供成果信息在线填报及查询投融资基本信息的服务。成果持有机构需要实名注册，通过身份认证即可在线填报成果信息，浏览本单位提交成果的全部信息，浏览投融资意向的全部信息和其他机构的成果基本信息。（4）向投融资机构提供投融资信息的管理、发布，以及查询成果基本信息的服务。投融资机构需要实名注册，通过身份认证即可发布投融资意向信息，浏览成果的详细信息，并可获取分类统计信息。（5）向科技管理机构提供成果信息监管、投融资信息查询及统计分析等服务。科技管理机构需要实名注册，通过身份认证即可浏览下属机构填报成果的全部信息，并负责信息的审核和监管；浏览投融资意向的基本信息；获取全方位的统计分析数据。❶

三、知识产权文献信息

专利技术、计算机软件、植物新品种、集成电路布图设计等均是重要的科技成果。据 WIPO 估计，世界上至少80%以上的技术体现在专利技术文献之中。因此，为了促进科技成果的披露、传播、扩散和转化，科技报告制度必须重视与以专利文献信息为基础的知识产权文献信息的对接和共享。

同时，科技报告制度还应重视财政资助科技成果及知识产权的可识别性。《科学技术进步法》第 20 条、第 21条规定，利用财政性资金设立的科技项目所形成的知识产权由项目承担者依法取得，同时，还规定了项目承担者对上述知识产权应承担如下义务：一是应积极实施该知识产权并向项目管理机构提交年度报告；二是在合理期限内没有实施的，国家可以无偿实施，也可以许可他人有偿实施或者无偿实施；三是国家为了国家安全、国家利益和重大社会公共利益的需要，可以无偿实施，也可以许可他人有偿实施或者无偿实施；四是向境外的组织或者个人转让或

---

❶ 国家科技成果转化项目库简介［EB/OL］. http://www.nstad.cn/About.aspx.

者许可境外的组织或者个人独占实施的，应当经项目管理机构批准。由此可见，财政资助所形成的科技成果及知识产权与其他知识产权具有一定差异。对于普通知识产权而言，其权利并不受特别的限制；而财政资助形成的知识产权则受到很多限制。为了避免项目承担者规避相关义务，财政资助所形成的知识产权在由项目承担者转让给第三人之后，第三人亦应对该知识产权承担与项目承担者相同的义务。因此，为了避免受让人因不知该知识产权受财政资助而产生的纠纷，同时，也为了向社会公示该知识产权受财政资助的情况，我国有必要学习美国的相关制度，要求项目承担者在申请专利时明确向专利局声明该专利技术是受财政资助而形成，且专利局应将该情况记载在专利著录事项之中。

目前我国知识产权文献系统主要有如下几个。

（一）国家知识产权局专利检索与查询系统

国家知识产权局专利检索与查询系统（网址：http://www.sipo.gov.cn/zljsfl/）分为四个子系统分别是：

1. 专利检索及分析系统

专利检索及分析系统的网址是 www.pss - system.gov.cn。该系统收录了 103 个国家、地区和组织的专利数据，以及引文、同族、法律状态等数据信息，其中涵盖了中国、美国、日本、韩国、英国、法国、德国、瑞士、俄罗斯、欧洲专利局和世界知识产权组织等。该系统主要有两个功能：一是检索功能：如中外专利信息的常规检索、表格检索、药物专题检索、检索历史、检索结果浏览、文献浏览、批量下载等；二是分析功能：对特定技术领域进行特定目的的快速分析、定制分析、高级分析、生成分析报告等。

2. 中国专利公布公告查询系统

根据《专利法》规定，国家知识产权局收到发明专利申请后，经初步审查认为符合本法要求的，自申请日起满 18 个月，即行公布，国家知识产权局也可以根据申请人的请求早日公布其发明专利申请；发明专利申请经实质审查没有发现驳回理由的，由国家知识产权局作出授予发明专利权的决定，发给发明专利证书，同时予以登记和公告，发明专利权自公告之日起生效；实用新型和外观设计专利申请经初步审查没有发现驳回理由的，由国家知识产权局作出授予实用新型专利权或者外观设计专利权的决定，发给相应的专利证书，同时予以登记和公告，实用新型专利权和外观设计专利权自公告之日起生效。另外，专利权转移、著录事项变更等事项亦需依法进行公告。中国专利公布公告查询系统网址是 www.epub.sipo.gov.cn。该系统的数据范围包括 1985 年以来中国专利公布公告信息，以及实质审查生效、专利权终止、专利权转移、著录事项变更等事务数据信息。公众可以通过该系统对发明公布、发明授权、实用新型和外观设计 4 种公布公告数据进行查询。

3. 中国及多国专利审查信息查询

中国及多国专利审查信息查询系统（http://cpquery.sipo.gov.cn/#）又分为中国专利审查信息查询系统和多国发明专利审查信息查询系统。

中国专利审查信息查询系统是为满足申请人、专利权利人、代理机构、社会公众对中国专利申请的查询需求，而建设的网络查询系统。该查询系统根据《专利法》《专利法实施细则》和《专利审查指南2010》中的相关规定，对不同用户设有不同的查询权限。该查询系统的用户类型分为注册用户和普通用户。注册用户是指电子申请注册用户，可以使用电子申请的注册名和密码登录，查询该注册用户名下的所有专利申请的相关信息；普通用户是指社会公众，可以通过输入申请号、发明名称、申请人等内容，对已经公布的发明专利申请，或已经公告的发明、实用新型及外观设计专利申请的相关信息进行查询。

中国专利审查信息查询系统为注册用户提供基本信息、费用信息、审查信息（提供图形文件的查阅、下载）、公布公告信息、专利授权证书信息的查询。注册用户可以查询到以下中国专利的申请与审查信息：（1）基本信息：申请号、发明创造名称、申请日、主分类号、案件状态、申请人姓名或名称、申请人国籍或总部所在地、邮政编码、详细地址、联系人姓名、联系人详细地址、邮政编码、代理机构名称、代理人姓名、发明人/设计人姓名、优先权在先申请号、在先申请日、原受理机构名称、申请国际阶段国际申请号、国际申请日、国际公布号、国际公布日；著录项目变更信息；（2）费用信息：应缴费信息（截止缴费日、费用种类、应缴费金额）、已缴费信息（缴费日期、缴费种类、缴费金额、缴费人、收据号）、退费信息（费用种类名称、退费金额、退费日期、收款人姓名、收据号）；（3）审查信息：案件信息（申请文件、中间文件、通知书）——可查阅文件图形文档；发文信息（发文方式、发文日、收件人姓名、地址和邮编、审查部门、挂号号码、发文序列号、类型代码、下载时间、下载 IP 地址、用户名称）；退信信息；专利证书发文信息；（4）公布公告信息：发明公布/授权公告（公告/公布号、卷期号、公告/公布日）——提供下载；事务公告（事务公告类型、公告卷期号、公告日）——可以查阅事务公告详情；（5）专利授权证书信息：可查阅专利授权证书图形文件，并可以下载 PDF 格式的图形文件（该文件已经予以加密处理，不能进行修改）。

中国专利审查信息查询系统为普通用户提供基本信息、审查信息、公布公告信息。普通用户可以通过评论方式对专利申请的内容或审查结果提出自己的评论。普通用户可以查询到的信息内容：（1）基本信息：申请号、发明创造名称、申请日、主分类号、案件状态、申请人姓名或名称、申请人国籍、代理机构名称、代理人姓名、发明人/设计人姓名、优先权在先申请号、在先申请日、原受理机构名称、申请国际阶段国际申请号、国际申请日、国际公布号、国际公布日；著录项目变更信息；（2）审查信息：案件信息（申请文件、中间文件、通知书文件）——对于已经公布但尚未公告的发明专利申请，可以查阅申请文件和通知书文件的图形文档；对于已经公告的专利，还可以查阅中间文件的图形文档；发文信息（发文方式、发文日、收件人姓名、审查部门、挂号号码、发文序列号、类型代码）；退信信息；专利证书发文信息；（3）公布公告信息：发明公布/授权公告（公告/公布号、卷期号、公告/公布日）；事务公告（事务公告类型、公告卷期号、公告日）；此外，为满足电子申请推广的需要，提供通过申请号进行专利申请的申请方式（纸件或电子）查询功能。

同时，中国专利审查信息查询系统还将提供下列后续查询项目：（1）为注册用户提供通过各种优先权交换协议获得优先权文件结果的查询；（2）进一步加强查询服务功能，方便申请人，例如，提供缴费收据的发文信息查询；为通过专利代理机构进行电子申请的申请人提供用户注册服务查询；提供期限预警的查询（补正期限、答复期限、费用期限）；（3）丰富查询服务模式，例如通过查询系统提供专利审查流程公共服务的请求服务。

多国发明专利审查信息查询系统可以查询中国国家知识产权局、欧洲专利局、日本特许厅、韩国特许厅、美国专利商标局受理的发明专利审查信息。用户登录该系统并进入多国发明专利审查信息查询界面，可以通过输入申请号、公开号、优先权号查询该申请的同族（由欧洲专利局提供）相关信息，并可以查询中、欧、日、韩、美的申请及审查信息。通过多国发明专利审查信息查询系统可以查询到的发明专利申请及审查信息的时间范围（申请日）分别是：中国国家知识产权局自 2010 年 2 月 10 日至今；欧洲专利局自 1978 年 6 月 1 日至今；日本特许厅自 1990 年至今；韩国特许厅自 1999 年至今；美国专利商标局自 2003 年 1 月至今。同时，通过该系统还可以查到日本特许厅和韩国特许厅的发明专利申请及审查信息的部分中文译文。

4. 中国专利事务信息查询系统

中国专利事务信息查询系统的查询功能主要有：有关中国专利的收费信息、代理机构、专利证书发文信息、通知书发文信息、退信信息、事务性公告的网上查询功能及专利年费计算功能。该系统的数据范围为：收费信息

（2002 年至今）、专利证书发文信息（2006 年至今）、通知书发文信息（2006 年至今）、退信信息（2002 年至今）、事务性公告信息（1985 年至今）。

（二）植物新品种申请与品种权信息

根据《植物新品种保护条例》，植物新品种是指经过人工培育的或者对发现的野生植物加以开发，具备新颖性、特异性、一致性和稳定性并有适当命名的植物品种。对经初步审查合格的品种权申请，审批机关予以公告；对经实质审查符合规定的品种权申请，审批机关应当作出授予品种权的决定，颁发品种权证书，并予以登记和公告。由此可见，公众可以查询植物新品种申请和品种权的相关信息。根据我国目前的相关制度，公众查询植物新品种申请和品种权相关信息的途径有两个：一是可以通过农业部植物新品种保护办公室（网址：http://www.cnpvp.cn/Ga-zette/GazetteQuery.aspx）查询有关农业植物新品种的各种信息；二是通过国家林业局植物新品种保护办公室（网址：http://www.cnpvp.net/）查询有关林业植物新品种的信息。

（三）集成电路布图设计专有权信息

根据《集成电路布图设计保护条例》规定，布图设计登记申请经初步审查，未发现驳回理由的，由国家知识产权局予以登记，发给登记证明文件，并予以公告。公众可以在中国国家知识产权局网站上查询以下两种信息：集成电路布图设计专有权公告信息（网址：http://www.sipo.gov.cn/zwgs/zyqgg/）和集成电路布图设计专有权事务公告（网址：http://www.sipo.gov.cn/zwgs/zyqswgg/）。

（四）作品与计算机软件的著作权信息

根据《著作权法》《著作权法实施条例》《计算机软件保护条例》等法律法规的规定，以著作权出质的，由出质人和质权人向国务院著作权行政管理部门办理出质登记；与著作权人订立专有许可使用合同、转让合同的，可以向著作权行政管理部门备案；软件著作权人可以向国务院著作权行政管理部门认定的软件登记机构办理登记，软件登记机构发放的登记证明文件是登记事项的初步证明。因此，以著作权出质的，必须进行出质登记才能发生效力；而著作权的产生、著作权的转让、许可等并不以登记或备案为前提，但是著作权登记或备案可以作为著作权存在或著作权转让、许可成立的初步证据。因此，著作权登记对权利人而言具有重要意义，社会公众也能够从著作权登记机关获得相关著作权信息。根据国家版权局对外发布2014 年全国著作权登记报告，继 2013 年包括作品登记、计算机软件著作权登记、著作权质权登记在内的著作权登记总量首次突破百万件以来，2014 年我国著作权登记继续保持平稳增长的态势，总量达1 211 313件，比 2013 年增加201 656件，增长 19.97%。其中，作品登记992 034件，计算机软件著作权登记218 783件，著作权质权登记496 件，涉及主债务金额262 543.1万元。❶

目前，我国负责著作权登记的机构是中国版权保护中

❶　2014 年全国著作权登记保持增长态势 总量破 120 余万件，http://www.gapp.gov.cn/chinacopyright/contents/518/246067.html。

心。中国版权保护中心的主要职能包括：（1）全国计算机软件著作权登记：软件著作权登记、软件著作权转让或专有许可合同登记，软件登记事项变更或补充申请、撤销计算机软件登记请求、撤回计算机软件登记申请、撤销或放弃计算机软件登记申请，补发或者换发软件登记证书和软件著作权登记查询；（2）面向全国和海外各类作品著作权登记，包括：文字作品、口述作品，音乐、戏剧、曲艺、舞蹈、杂技艺术作品，美术、建筑作品，摄影作品，影视作品，工程设计图、产品设计图、地图、示意图等图形作品，模型作品等，以及录音制品登记和专有权登记等；（3）著作权质权登记，包括软件著作权质权登记和其他各类作品著作权质权登记；（4）出版境外音像制品合同认证登记及其他登记；等等。中国版权保护中心的网址是 www.ccopyright.com.cn，公众可以从该网站查询有关著作权登记信息。

（五）商标信息

商标信息虽然不属于技术信息，但是商标权亦是一种重要的知识产权，在科技成果转化中经常会涉及商标权问题，故在有些情况下，分析商标信息亦对科技成果转化具有重要意义。根据《商标法》和《商标法实施条例》的规定，无论是商标申请的初步审定、核准注册，还是商标专用权的续展、变更、转让、许可或登记，均需向商标局登记、备案并公告。社会公众可以从中国商标网上查询有关商标的信息，该网站的网址是 sbj.saic.gov.cn。

四、我国科技报告制度的完善

由于完善的科技报告制度对于科技成果转化具有重要促进作用，故新《促进科技成果转化法》首次以法律的形式对科技报告问题做出了明确规定，提出国家应建立、完善科技报告制度和科技成果信息系统。新《促进科技成果转化法》第 11 条明确规定："国家建立、完善科技报告制度和科技成果信息系统，向社会公布科技项目实施情况以及科技成果和相关知识产权信息，提供科技成果信息查询、筛选等公益服务。公布有关信息不得泄露国家秘密和商业秘密。对不予公布的信息，有关部门应当及时告知相关科技项目承担者。利用财政资金设立的科技项目的承担者应当按照规定及时提交相关科技报告，并将科技成果和相关知识产权信息汇交到科技成果信息系统。国家鼓励利用非财政资金设立的科技项目的承担者提交相关科技报告，将科技成果和相关知识产权信息汇交到科技成果信息系统，县级以上人民政府负责相关工作的部门应当为其提供方便。"对于该条，我们认为应主要从以下几个方面进行理解。

第一，应设置科学、合理的报告流程和报告信息。科学、合理的报告流程和报告信息对于充分发挥科技报告制度的作用至关重要。以美国为例，美国国立卫生研究院为了使受资助者（项目承担者）便捷、准确地报告项目知识产权，早在 1995 年就开发了以著名发明家爱迪生命名的在线知识产权报告系统 iEdison，使项目承担者可以通过互联网及时、方便地向资助机构报告项目知识产权。目

前，包括美国国立卫生研究院、美国自然科学基金
（NSF）、美国国际开发总署（USAID）、美国能源部等 30
余家美国主要的政府资助机构通过 iEdison 系统，要求受
资助者履行报告项目知识产权的义务。根据美国国立卫生
研究院资助政策指南的规定，项目承担者应该就下列事项
向国立卫生研究院报告：一是项目承担者雇员披露所有发
明的协议。项目承担者的雇员，如果在为受资助项目工
作，如项目负责人或项目主要研究人员（PD/PI），那么
他们必须签署一个保证遵守国立卫生研究院知识产权政策
并及时披露项目发明的协议。该协议应该在雇佣协议签署
之时签订，当然也可以包括在雇佣协议条款之中。二是发
明报告。项目承担者应该向国立卫生研究院报告任何项目
发明。该发明报告应该对该发明的所有技术细节进行全面
而详细的说明；该报告还应包括发明人、项目资助号、发
明公开的时间等信息。该发明报告应该在发明人向项目承
担者汇报该发明之后 2 个月内，向国立卫生研究院提交。
同时，根据美国国立卫生研究院的政策，如果项目承担者
与他人合作共同承担该项目研究工作，那么项目承担者不
得在与项目合作者之间的合作协议中规定将项目合作者的
发明创造归属于项目承担者所有。相应地，项目合作者有
权拥有对其发明创造的知识产权。但是项目合作者与项目
承担者一样，也有义务在发明人向其汇报之后两个月内向
国立卫生研究院报告项目知识产权。三是选择是否拥有项
目知识产权的报告。根据规定，项目承担者（和合作者）
在向国立卫生研究院报告项目发明之后，并不自然拥有对
该项目发明的知识产权。项目承担者必须在报告发明之后
2 年内，告知国立卫生研究院其是决定拥有，还是决定放

弃对该项目发明的知识产权。四是专利申请报告。如果项目承担者就项目发明申请了专利，那么应向国立卫生研究院报告该行为，报告内容还应包括专利申请号和申请日期。同时，在专利申请文件中，还应注明："本发明是在政府资助下做出的，政府对本发明享有一定权利。"五是转让发明或专利申请权、专利权的请示、报告。如果项目承担者是非赢利单位，如大学、科研机构，那么在其转让项目发明、专利申请权、专利权之前，应该事先取得国立卫生研究院的许可。如果项目承担者是赢利性组织，包括小企业，那么其转让项目发明、专利申请权、专利权，则不需要国立卫生研究院的许可，但是，对于该项目发明的后续报告义务，应由受让人承担。六是专利授权报告。如果项目发明经过审查被颁发了专利权，那么项目承担者应该在颁发专利后立即向国立卫生研究院报告，报告内容包括：授权日期、专利权号等。七是项目发明年度报告。项目承担者应该在每个会计年度结束时向国立卫生研究院报告其在该会计年度中所做出的发明创造，同时还应就其选择拥有专利权的发明创造，报告其对该发明创造进行商业化利用情况的信息。八是项目发明最终报告。在项目结项后 90 天内，项目承担者应该向国立卫生研究院提交最终报告，最终报告应该包括项目承担者在项目实施期间所做出的所有发明创造的相关信息。根据美国国立卫生研究院的规定，如果项目承担者未履行上述报告义务，那么有可能导致两个方面的不利后果：一是丧失项目研究成果的知识产权，即国立卫生研究院可以决定不将该知识产权给予项目承担者，并进而由国立卫生研究院自己拥有；二是国立卫生研究院不再拨付后续资助资金。我国在建立、完善科技报告制度时亦应参考其他国家的做法，并结合我国的实际，设置科学、合理的报告内容、报告流程以及报告时间节点。比如，报告内容至少应该包括：科技项目的进展情况、科技成果权利人和完成人信息、联系方式、科技成果名称、技术内容的简要描述（财政资助科研项目所形成的科技成果应当报送技术成果的全部内容）、科技成果的知识产权保护情况等。

第二，明确科技报告的义务主体。根据新《促进科技成果转化法》第 11 条的规定，科技报告的义务主体是"利用财政资金设立的科技项目的承担者"。这是与其他国家的相关制度相吻合的，同时也是合理的。目前我国研发经费 50% 以上依赖于国家财政投入，而财政经费应属于全体纳税人。虽然为了促进科技成果的后续利用，我国法律规定财政资助所形成的知识产权由受资助单位取得，但是全国人民特别是市场主体至少应当有权了解和知晓这些依赖财政资助所形成的科技成果的内容。因此，对于财政资助的科研项目所形成的科技成果，受资助的项目承担者应有义务向国家科技成果信息平台报送和披露。同时，为了使国家能够准确掌握科技成果转化的总体情况，新《促进科技成果转化法》第 21 条还规定："国家设立的研究开发机构、高等院校应当向其主管部门提交科技成果转化情况年度报告，说明本单位依法取得的科技成果数量、实施转化情况以及相关收入分配情况，该主管部门应当按照规定将科技成果转化情况年度报告报送财政、科学技术等相关行政部门。"因此，国家设立的研究开发机构、高等院校亦是科技报告的义务主体。另外，为了确保科技报告义务主体及时、准确地进行科技报告，新《促进科技成果转化法》第46条还规定了报告义务主体未依法进行科技报告的法律责任。该条规定：利用财政资金设立的科技项目的承担者未依照本法规定提交科技报告、汇交科技成果和相关知识产权信息的，由组织实施项目的政府有关部门、管理机构责令改正；情节严重的，予以通报批评，禁止其在一定期限内承担利用财政资金设立的科技项目。国家设立的研究开发机构、高等院校未依照本法规定提交科技成果转化情况年度报告的，由其主管部门责令改正；情节严重的，予以通报批评。

第三，鼓励非义务主体进行科技报告。虽然目前我国科研经费仍以财政投入为主，但是随着市场经济的发展和知识产权保护力度的加大，市场主体也越来越重视科技研发工作，对科技研发的投入也越来越大，因此，非财政投入所形成的科技成果也越来越多。客观地讲，由于市场主体更加贴近市场，因此，非财政投入所支持的科技项目的市场导向更明确，其科技成果也更容易转化。因此，鼓励非义务主体进行科技报告，对于促进科技成果转化具有特别重要的意义。为此，新《促进科技成果转化法》第11条第3款特别规定：国家鼓励利用非财政资金设立的科技项目的承担者提交相关科技报告，将科技成果和相关知识产权信息汇交到科技成果信息系统，县级以上人民政府负责相关工作的部门应当为其提供方便。不过，法律没有明确规定对于非财政资金设立的科技项目的承担者提交科技报告的具体鼓励措施。我们认为，为了鼓励非义务主体进行报告，国家至少应为他们提供不低于报告义务主体进行报告的便利和优惠。例如，根据《国家科技成果转化引导基金管理暂行办法》的规定，只有加入科技成果转化项目库的科技成果在进行转化时才能享受国家科技成果转化引导基金创业投资基金或贷款风险补偿机制的优惠待遇。而根据目前相关规定，只有财政性资金支持产生的、可转化的应用型科技成果才能被科技成果转化项目库收录。这样的区别性待遇显然不利于鼓励非义务主体提交科技报告，因此，我们亟需进一步梳理和完善相关做法，确保非财政资金设立的科技项目的承担者真正有动力提交科技报告。

第四，应打破部门藩篱、统筹规划，建立国家统一的科技成果报告制度和科技成果信息平台。目前，科技信息分别由国家多个部门分别掌握，如仅科技部下属的中国科技信息研究所就至少建立了两个科技报告平台，分别是国家科技报告服务系统和国家科技成果转化项目库；国家知识产权局掌握着申请专利的技术信息及相关权利信息以及集成电路布图设计的相关权利信息；农业部和国家林业局分别掌握农业植物新品种信息和林业植物新品种信息；中国版权保护中心掌握计算机软件和普通作品的登记信息；其他部门还建立了大量的各自系统的科技成果汇集信息系统。这种分散的科技成果报告体系和信息系统非常不利于技术研发者或使用者的检索、分析。在网络技术勃兴之前，由于通讯和信息共享等方面的限制，上述情况的存在具有一定的合理性，但是在网络与信息技术已经非常成熟、发达的今天，这种情况的继续显然不利于科技成果的转化。因此，我们认为国家应该对掌握在多个部门的科技信息进行全面整合，统筹规划，形成一个统一的国家级的科技成果信息数据库；当然，各部门可以根据本部门的具体业务特点，在该数据库的基础上建立部门子库。另外，由于科技成果的本质是一种技术信息，且通信技术的发展已经使目前技术信息的查询不再依赖于有形的纸质媒介，因此，地方政府就没有必要再重复建立相应的科技成果信息平台了。地方政府只要确保本辖区内科技成果完成人将科技成果依法汇交国家科技成果信息平台即可。当然，地方政府可以结合本地特点，与国家级科技成果信息平台合作建立适合本地的某些专业领域的技术信息中心。实现这个设想，可能会存在各种阻力和障碍，可能需要一个过程。我们认为，即使不能立即建立国家统一的科技成果信息平台，但至少可以由一个部门进行牵头，对技术信息的发布标准和形式进行统一规范，并对查询检索的入口进行统一，这样，亦能极大地方便创新者和技术使用者。

第七章

科技财政、金融与市场

无论是科技研发，还是科技成果转化和知识产权运用，均需要大量的资金支持。根据资金来源不同，科技研发和科技成果转化的融资方式主要有以下几种：一是财政资助。国家为了科学事业发展和促进科技成果转化，通常会拨出一定的财政资金用于支持科研事业。二是企业自有资金。有的企业为了自身的快速发展，也会拿出一部分自有资金用于科技研发或科技成果转化；但由于科研事业单位（包括大学）自身的特点和财务管理制度的限制，科研事业单位可以将部分自有资金用于科技研发，但通常不能投资于科技成果转化。三是风险投资。主要是企业或社会资本针对成长性较好的科技成果进行投资，与其他市场主体或科研单位合作成立目标公司，拥有一定的股权，促使科技成果产业化、市场化。四是知识产权质押融资。一般是企业为了转化自身或他人的科技成果而以该科技成果的知识产权设质从银行获得相应贷款；五是上市融资。即科技企业以在证券市场发行股票的方式，募集科技成果转化资金。同时，科技中介服务亦是知识产权融资和科技成果转化重要催化剂。因此，从财政和金融的角度而言，促进科技成果转化，主要应做好以下三个方面的工作：一是确保各类资金所支持的科技研发项目或科技成果转化项目是具有良好市场前景的项目；二是尽可能多的筹集各类资金用于支持科技研发和科技成果转化；三是健全和完善科技市场，为知识产权融资和科技成果转化做好中介服务工作。

一、财政科研经费与市场

目前，我国科技成果转化中的一个重要问题就是我国很多科技成果与市场脱节，没有市场需求，进而导致科技成果转化率相对较低，而该问题的一个主要原因就是我国有关部门用财政经费资助科研项目时未充分考虑市场需求。当前我国科研经费支出已经超过了10 000亿，占国家GDP 的2%，且财政科研经费超过占全国科研经费50%以上。通常情况下，企业从自身营利性需求考虑，企业无论是用自有资金还是申请财政经费进行科技研发，均会预先考虑到研发成果的市场问题；而科研机构或高校的研究人员本身就有关注理论的天然倾向，特别是在我国科研机构或高校的研究课题主要来自国家财政资助的情况下，且考虑到先前国家在制定科技研究规划时考虑的主要是宏观性、全局性、国际性的科技问题，与企业的实际需求距离较远，因此，我国科研机构产出的科技成果就难以被企业认可和接受，其科技成果利用率就会较为低下。

为了改变这种情况，从源头上确保财政资助的科技成果具有市场需求，新《促进科技成果转化法》特别规定财政资助的应用类科技项目在前期的规划设计、课题编制等阶段就必须引入相关企业进行参与。该法第 10 条规定："利用财政资金设立应用类科技项目和其他相关科技项目，有关行政部门、管理机构应当改进和完善科研组织管理方式，在制定相关科技规划、计划和编制项目指南时应当听取相关行业、企业的意见；在组织实施应用类科技项目时，应当明确项目承担者的科技成果转化义务，加强知识产权管理，并将科技成果转化和知识产权创造、运用作为立项和验收的重要内容和依据。"

上述规定，对于确保最终研发成果具有市场需求，进而促进科技成果转化具有重要意义。当然，企业或相关行业协会也应自觉增强自身的参与能力，在国家制定有关科技规划、计划或项目指南时，能够有效参与其中，发出真正的市场的声音。同时，为了促进科技成果转化，国家在资助科研项目时还应特别重视知识产权创造和运用情况，尤其是应重视科研项目的专利产出符合市场需求。具体而言，可以采取如下措施。

第一，充分利用知识产权信息检验科技项目和科技成果的市场需求。无论是在科技规划的设计阶段，还是项目指南的编制阶段，抑或项目申请、实施、结项阶段，均应引导企业或有关单位充分利用知识产权信息，进行专利检索和分析，避免重复研发，确保研究方向和研究成果符合国际发展趋势和市场需求。

第二，严格规范专利申请文件的撰写要求。在发明创造技术高度一定的情况下，专利申请文件的撰写质量对最终授权的专利质量就具有了决定性意义。相同的发明创造，不同的申请人撰写的不同专利申请文件，有的可能不能获得专利授权，有的可能获得专利授权；有的获得的专利的保护范围可能很窄，而有的则可能获得很宽范围的保护。因此，严格规范专利申请文件的撰写要求，对申请人获得专利授权以及获得较大范围的保护具有重要意义。对于财政资助的科研项目而言，严格规范专利申请文件的撰写要求，亦有利于科研项目知识产权的规范化管理。虽然我国专利法要求申请人在专利说明书中写明该发明所属的技术领域和背景技术，但是这样的要求并无强制性，很多申请人出于各种原因仅是在形式上加以应付。比如有的申请人在研发或申请专利时可能并没有对现有技术认真检索，仅凭感觉判断某技术方案是首创的，因而申请专利，在这种情况下，其在说明书中的背景技术描述必然苍白无力。再比如，有的申请人可能已经检索出了与申请专利的技术方案高度相关或相似的技术，因为担心写在说明书中不能获得专利授权，而故意隐藏这些背景技术。另外，我国专利法并未要求申请人在背景技术描述中标明这些背景技术的具体来源，这样就导致了我国专利说明书关于背景技术的描述更加随意。但是美国做法则不同，美国要求专利申请人在申请书中详细描写背景技术，并需写明该背景技术的具体来源。由于只有在详细分析前人成果的基础上做出的发明创造，才有可能是有价值、有意义的真正的发明创造，因此，我们认为美国的做法能够非常有效地保障专利申请质量。所以，在我国专利申请书尚较粗糙的情况下，我们认为财政资助的科研项目为了确保专利申请质量，可以对课题承担单位提出以下更具体的要求：一是要求申请人在说明书中对背景技术做出更具体的描述；二是要求申请人在说明书中写明背景技术的具体来源，比如专利申请号、非专利文献的卷号页码等；三是考虑到有些领域国外技术的先进性，要求申请在背景技术中必须引证国外的技术，并写明国外的专利申请号或国外的非专利文献来源；四是要求申请人向项目管理单位报送该专利申请文件全文、引用的技术文献全文，以加强监督。

第三，以质量为导向，改变知识产权工作评价指标。为了有效提升专利申请数量，目前我国财政科研项目通常会采取一些有利于知识产权数量增加的刺激措施。比如对专利申请进行资助，将专利申请量列入课题组知识产权考核的硬性指标之中，等等。这些激励措施对提升课题承担单位和课题组成员的知识产权意识具有重要作用，对快速增加专利申请数量亦有重要意义，但是绝非长久之计，通常应对该做法规定一个执行的期限。例如，苏州工业园区虽然为了快速增加专利数量而对每件发明专利申请给予10 000元的高额财政补贴，但是苏州亦对该补贴办法规定了一定的执行期限，即有效期是 3 年，具体是 2012 年年初至 2014 年年底。国家财政资助的其他项目也有必要参考苏州做法，在进行一段时期的数量刺激之后，不再考核课题承担单位的单纯专利申请数量，而仅考虑其授权专利数量，或考虑授权专利与专利申请总量之比；考察课题承担单位的专利转让、许可或自身实施情况；考察课题承担单位的国外专利申请的授权情况；等等。

第四，对专项专利进行公众评审。美国为了提高专利授权质量，在 2007 年设置了公众专利评审制度。通过公众尤其是其中同领域专家的参与，可以为专利审查员提供更多对比文件，使可专利性条件的审查更加准确，加快专利审查时间，提高授权专利质量。目前，我国知识产权局尚未建立起类似制度，但是国家财政资助的科技项目可以参考该制度的设计思想，将项目的授权专利和已被公开的专利申请放到网上，并面向社会开放，允许公众上传对比技术文件并对该专利的新颖性、创造性和实用性进行评论。这样既可以使专利权人或专利申请人获得相关技术信息，也可以使公众了解该专利或专利申请的技术价值，进而促进这些专利技术的转化。

二、引导基金与创业投资基金

为了支持科技成果转化和科技企业发展，为科技成果转化提供更多的资金支持，新《促进科技成果转化法》第 38 条明确规定：国家鼓励创业投资机构投资科技成果转化项目。国家设立的创业投资引导基金，应当引导和支持创业投资机构投资初创期科技型中小企业。第 39 条进一步规定：国家鼓励设立科技成果转化基金或者风险基金，其资金来源由国家、地方、企业、事业单位以及其他组织或者个人提供，用于支持高投入、高风险、高产出的科技成果的转化，加速重大科技成果的产业化。事实上，在《促进科技成果转化法》修改之前，我国政府已经设立了若干个鼓励或促进科技成果转化的基金，新《促进科技成果转化法》则进一步强化了政府对科技成果转化提供财政支持的法定义务。新《促进科技成果转化法》实施后，我国应进一步发展、壮大目前已有的创业投资基金和引导基金的规模，为科技成果转化提供充分的资金支持。

目前，我国中央政府专门针对科技成果转化设立的引导基金是"国家科技成果转化引导基金"，专门针对科技成果转化创业投资的基金是由该引导基金参股设立的一系列创业投资子基金。国家科技成果转化引导基金主要用于支持转化利用财政资金形成的科技成果。国家科技成果转化引导基金的资金来源为中央财政拨款、投资收益和社会捐赠。引导基金的支持方式包括设立创业投资子基金、贷款风险补偿和绩效奖励等。其中，创业投资子基金（以下简称"子基金"）按照政府引导、市场运作、不以营利为目的的原则设立，设立方式包括与民间资本、地方政府资金以及其他投资者共同发起设立，或对已有创业投资基金增资设立等。

根据财政部、科技部《国家科技成果转化引导基金设立创业投资子基金管理暂行办法》的规定，凡在我国境内注册的投资企业或创业投资管理企业（以下简称"投资机构"）均可以作为申请者，向科技部、财政部申请设立子基金。这里的投资企业是指愿意且有能力出资参与设立子基金、支持科技成果转化的企业。创业投资管理企业是指受托管理创业投资企业的企业，为创业投资企业寻找投资机会和谈判投资条款，或代表创投企业进行创业投资，并提供相关的管理咨询服务的企业。科技部、财政部委托引导基金的受托管理机构受理子基金的设立申请。目前，引导基金的受托管理机构是国家科技风险开发事业中心。

申请者应满足的条件是：（1）申请者为投资企业的，

其注册资本或净资产应不低于 5000 万元；申请者为创业投资管理企业的，其注册资本应不低于 500 万元；（2）多家投资机构拟共同发起子基金的，应推举一家机构作为申请者，并确定一家创业投资管理企业作为拟设立的子基金的管理机构；（3）发起设立子基金时，申请者须提供主要出资人的出资承诺书，并承诺在子基金成立时，完成剩余资金的募集。

子基金设立的标准和条件是：（1）子基金应当在中国大陆境内注册，募集资金总额不低于 10 000 万元人民币，且以货币形式出资，经营范围为创业投资业务，组织形式为公司制或有限合伙制；（2）转化基金对子基金的参股比例为子基金总额的 20%～30%，且始终不作为第一大股东或最大出资人；子基金的其余资金应依法募集，境外出资人应符合国家相关规定；（3）子基金存续期一般不超过 8 年，在子基金股权资产转让或变现受限等情况下，经子基金出资人协商一致，最多可延长 2 年；（4）子基金投资于转化国家科技成果转化项目库中科技成果的企业的资金应不低于转化基金出资额的 3 倍，且不低于子基金总额的 50%，其他投资方向应符合国家重点支持的高新技术领域，所投资企业应在中国大陆境内注册；（5）子基金应在科技部、财政部公布的银行名单中选择托管银行，签订资产托管协议，开设托管账户。

子基金设立程序主要有如下步骤：（1）申请者向受托管理机构提交子基金申请材料；（2）受托管理机构受理申请、进行初审、沟通访谈、开展尽职调查、形成尽职调查报告和子基金设立方案并报转化基金理事会；（3）转化基金理事会审核受托管理机构提交的材料，形成审核意见；

（4）科技部根据转化基金理事会的审核意见，对子基金设立方案进行合规性审查，对于符合设立条件的，商财政部同意，向社会公示无异议后，批准出资设立子基金，并向社会公告；（5）受托管理机构根据科技部、财政部的批准文件办理出资设立子基金的相关手续。

子基金管理机构的主要条件和要求为：（1）在中国大陆境内注册，主要从事创业投资业务；（2）具有完善的创业投资管理和风险控制流程，规范的项目遴选和投资决策机制，健全的内部财务管理制度，能够为所投资企业提供创业辅导、管理咨询等增值服务；（3）至少有3名具备5年以上创业投资或相关业务经验的专职高级管理人员；在国家重点支持的高新技术领域内，至少有3个创业投资成功案例；（4）应参股子基金或认缴子基金份额，且出资额不得低于子基金总额的5‰；（5）企业及其高级管理人员无重大过失，无受行政主管机关或司法机关处罚的不良记录。

设立子基金的重要意义主要有以下三个方面：一是有助于实施创新驱动发展战略，发挥市场配置资源的重要作用。引导基金采用市场化运作方式，引导和带动金融资本、民间资本、地方政府和其他投资者共同发起设立子基金。子基金充分运用市场规律，发掘科技成果的市场价值和科技企业成长价值，提供增值服务，形成以市场为导向的投融资新模式，促进科技成果资本化、产业化。二是有助于激励科技创新创业，促进经济结构调整和转型升级。通过引导子基金投资，可以加速科技成果更好更快地转化为现实生产力，支持科技企业和战略性新兴产业发展，更好地发挥科技对经济社会发展的支撑和引领作用，加快培育形成我国经济发展的新增长点。将政府引导与市场机制有机结合，建立中央带动地方、财政资金引导民间资金的联动机制，引导社会资本集聚并投向科技成果转化，发挥财政资金"四两拨千斤"的作用。三是促进科技和金融结合，改善科技型中小企业融资环境，缓解"融资难、融资贵"。引导基金设立子基金，培育和发展一批以科技成果转化为目的的创业投资子基金，将增强对科技企业的直接投资能力，有效提高直接融资在企业融资中的比重，引导银行信贷、资本市场等后续融资，推动形成"接力式"融资的资金链条，不断为企业做大做强注入资金动力，进一步改善科技创新的投融资环境。❶

同时，除了中央政府设立的国家科技成果转化引导基金之外，有些地方政府为了推动本地区的科技成果转化工作，也设立了地方性的科技成果转化引导基金。例如，2015 年年初广东省财政设立了广东省重大科技专项创业投资引导基金。该引导基金首期出资 7.5 亿元，以不超过30%的比例参股设立创业投资基金。该引导基金最大亮点在于财政资金全部让利，按照 3：3：4 的比例，将财政资金所属收益分别让利给引导基金管理机构、子基金管理机构和社会出资人。该引导基金将主要以参股的方式，吸引国内领先基金管理机构，与广东省内外社会资本及其他政府资金合作设立或以增资方式参股创业投资基金，重点投资于九大重大科技专项领域内处于初创期、早中期的创业企业。九大重大科技专项领域包括计算与通信集成芯片、

---

❶ 科技部科研条件与财务司、财政部教科文司有关负责人就《国家科技成果转化引导基金设立创业投资子基金管理暂行办法》答记者问，http://www.nfttc.gov.cn/html/content/?216.

移动互联关键技术与器件、云计算与大数据管理技术、新
型印刷显示与材料、可见光通信技术及标准光组件、智能
机器人、新能源汽车电池与动力系统、干细胞与组织工
程、增材制造（3D 打印）技术等。❶ 又如，2015 年 5 月
上海市设立了国内首个专注于天使投资发展的政府引导基
金——上海市天使投资引导基金。该天使引导基金旨在撬
动和引导社会资本参与天使及早期投资领域，扶持一批有
志于从事早期的专业化天使投资机构，推动科技型创业企
业快速成长。其意义在于：有利于培育和扶持一批有志于
从事早期的专业化天使投资机构，形成天使投资集聚效
应，弥补市场失灵；有利于孵化一批早期创业项目和优秀
创业团队，成为创业投资基金下一轮投资的"喂食者"，
吸引更多新兴产业项目落地上海；有利于完善小微企业成
长的金融服务链条，优化上海创新创业环境。该天使引导
基金将根据"政府引导、社会为主、专业化管理、市场化
运作"的总体要求，运作模式创新点包括：管理机构专业
化，由上海创业接力科技金融集团有限公司负责天使引导
基金的日常投资及管理运营，力求以市场化、高效率的方
式，开展天使引导基金的受托管理工作；坚持"让利于
民"和"市场化运作"相结合的引导基金退出机制，在
天使引导基金投资之日起 5 年内，可由天使投资企业股东
按照引导基金原始投资额实施受让退出。❷

---

❶ 广东设立重大科技创投引导基金：首期规模 7.5 亿，http://www.nfttc.gov.cn/html/content/?239.

❷ 上海市首支天使投资引导基金发布，http://www.nfttc.gov.cn/html/content/?238.

三、知识产权质押融资

知识产权融资是科技成果转化的重要资金来源，对于促进科技成果转化具有重要意义。新《促进科技成果转化法》第35条规定："国家鼓励银行业金融机构在组织形式、管理机制、金融产品和服务等方面进行创新，鼓励开展知识产权质押贷款、股权质押贷款等贷款业务，为科技成果转化提供金融支持。国家鼓励政策性金融机构采取措施，加大对科技成果转化的金融支持。"第36条规定："国家鼓励保险机构开发符合科技成果转化特点的保险品种，为科技成果转化提供保险服务。"上述条款为知识产权融资和相关服务提供了法律保障，对于促进知识产权融资具有重要作用。从科技成果转化角度而言，目前我国知识产权融资的主要表现形式是知识产权质押贷款。近年来，我国知识产权质押融资贷款从无到有，到快速发展。以专利质押融资贷款为例，仅2014年我国专利权质押金额就达489亿元人民币，较2013年增长92.5%，惠及1850家中小微企业。[1]但与我国科技成果转化巨大资金需求相比，目前知识产权质押融资仍可谓杯水车薪，亟须进一步大力发展。

为了加大知识产权融资工作力度，2015年4月国家知识产权局下发了《关于进一步推动知识产权金融服务工作的意见》（国知发管字〔2015〕21号）。该意见指出：

---

[1] 2014年知识产权金融服务再上新台阶，http://www.sipo.gov.cn/zscqgz/2014/201501/t20150109_1057998.html.

知识产权是国家发展的战略性资源和国际竞争力的核心要素，金融是现代经济的核心。加强知识产权金融服务是贯彻落实党中央国务院关于加强知识产权运用和保护战略部署的积极举措，是知识产权工作服务经济社会创新发展、支撑创新型国家建设的重要手段。促进知识产权与金融资源的有效融合，有助于拓宽中小微企业融资渠道，改善市场主体创新发展环境，促进创新资源良性循环；有助于建立基于知识产权价值实现的多元资本投入机制，通过增值的专业化金融服务扩散技术创新成果，全面促进知识产权转移转化；有助于引导金融资本向高新技术产业转移，促进传统产业的转型升级和战略性新兴产业的培育发展，提升经济质量和效益。

该意见明确提出：到 2020 年，全国专利权质押融资金额要力争超过 1000 亿元。该意见将知识产权质押融资工作列为知识产权金融服务工作的首要任务，并采取以下具体措施：（1）加强对企业知识产权质押融资的指导和服务。引导企业通过提高知识产权质量，加强核心技术专利布局，提升知识产权质物价值的市场认可度；开展针对企业知识产权质押融资的政策宣讲和实务培训，使企业深入了解相关扶持政策、融资渠道、办理流程等信息；加强专利权质押登记业务培训，规范服务流程，为企业提供高效、便捷、优质的服务；建立质押项目审核及跟踪服务机制，对拟质押的知识产权项目，开展法律状态和专利与产品关联度审查，对在质押知识产权项目进行动态跟踪和管理，强化知识产权保护。（2）鼓励和支持金融机构广泛开展知识产权质押融资业务。推动并支持银行业金融机构开发和完善知识产权质押融资产品，适当提高对中小微企业贷款不良率的容忍度；鼓励各类金融机构利用互联网等新技术、新工具，丰富和创新知识产权融资方式。（3）完善知识产权质押融资风险管理机制。引导和支持各类担保机构为知识产权质押融资提供担保服务，鼓励开展同业担保、供应链担保等业务，探索建立多元化知识产权担保机制；利用专利执行保险加强质押项目风险保障，开展知识产权质押融资保证保险，缓释金融机构风险；促进银行与投资机构合作，建立投贷联动的服务模式，提升企业融资规模和效率。（4）探索完善知识产权质物处置机制。结合知识产权质押融资产品和担保方式创新，研究采用质权转股权、反向许可等形式，或借助各类产权交易平台，通过定向推荐、对接洽谈、拍卖等形式进行质物处置，保障金融机构对质权的实现，提高知识产权使用效益。

同时，该意见还要求加快培育和规范专利保险市场，具体措施为：（1）支持保险机构深入开展专利保险业务。推动保险机构规范服务流程，简化投保和理赔程序，重点推进专利执行保险、侵犯专利权责任保险、知识产权质押融资保险、知识产权综合责任保险等业务运营。（2）鼓励和支持保险机构加强运营模式创新。探索专利保险与其他险种组合投保模式，实践以核心专利、专利包以及产品、企业、园区整体专利为投保对象的多种运营模式；支持保险机构开发设计符合企业需求且可市场化运作的专利保险险种，不断拓宽专利保险服务范围。（3）加大对投保企业的服务保障。结合地区产业政策，联合有关部门，利用专利保险重点加强对出口企业和高新技术企业创新发展优势的服务和保障；加强对企业专利纠纷和维权事务的指导，对于投保专利发生法律纠纷的，要按照高效、便捷的原则及时调处。（4）完善专利保险服务体系。加大工作力度，引导和支持专利代理、保险经纪、专利资产评估与价值分析、维权援助等机构参与专利保险工作，充分发挥中介机构在投保专利评估审核、保险方案设计、企业风险管理、保险产品宣传推广、保单维护和保险理赔服务等方面的重要作用。

　　与有形财产相比，由于知识产权在资产评估、价值分析、质押担保、流通交易、及时变现等方面均存在较多的制约性条件和不确定风险，因此，银行或保险企业通常会对知识产权质押融资和知识产权保险采取比较谨慎的态度。为了降低科技成果转化的融资难度，新《促进科技成果转化法》亦从融资激励和风险补偿等角度做了考虑，根据该法第 33 条规定，科技成果转化财政经费可用于科技成果转化的贷款贴息和风险补偿。当前，一些地方政府亦提供知识产权质押融资的贷款贴息和风险补偿。例如，根据《中关村国家知识产权制度示范园区知识产权专项资金使用管理办法（暂行）》（京财文〔2010〕2418 号），该专项资金纳入北京市财政预算，可用于支持和引导园区企业开展专利质押贷款贴息；贷款贴息项目费，主要用于支持园区企业以知识产权质押方式，特别是以发明专利质押方式向银行贷款，推进园区中小企业专利产品改进、创新、规模化生产、市场推广；实行贷款贴息的项目按照当年所需支付利息的 50% 予以补贴，每个企业每年贴息额不超过 20 万元。另外，海淀区还专门制定了本区的《知识产权质押贷款贴息实施办法》，将每个企业年度贴息限额提高到 40 万元。

　　上海市浦东新区于 2013 年印发了《浦东新区知识产

权质押融资风险补偿和奖励操作规程》。根据该规程，对在浦东新区开展知识产权质押贷款业务的商业银行给予贷款风险补偿和奖励，所需资金从浦东新区科技发展基金科技金融专项资金中列支。银行享受风险补偿和奖励资金的主要条件是：（1）其所涉及的借款企业的注册地须在浦东新区，属于浦东新区税务局直接征管，符合中小微型企业标准和上海市科委关于科技型企业的定义。（2）单个借款合同中知识产权质押担保额占信贷总额的比例不低于30%。（3）借款主合同中须写入知识产权质押的意思表示。（4）知识产权质押贷款利率上浮不得超过中国人民银行规定的银行贷款基准利率的25%。其风险补偿标准是：（1）银行所发放贷款的知识产权质押担保额占贷款总额不低于30%、小于50%的，按贷款总额的50%给予银行2%的风险补偿；（2）知识产权质押担保额占贷款总额不低于50%、小于70%的，按贷款总额的70%给予银行2%的风险补偿；（3）知识产权质押担保额占贷款总额不低于70%的，按贷款总额给予银行2%的风险补偿。另外，在同一年度内，知识产权质押担保额每达到5亿元，另给予银行500万元的奖励。

四、科技服务与市场

促进科技成果转化需要高效和权威的科技服务市场。经过多年的发展，我国科技服务业已初步形成由科技市场政策法规体系、监督管理体系和技术交易服务体系组成的基本运行架构，各方面均取得了显著成就。目前，我国科技市场管理体系和交易服务体系稳步发展，全国现有技术合同认定登记机构 800 多家，技术交易和服务机构近 2 万家，技术产权交易所近 40 家，国家技术转移示范机构 274 家，中国创新驿站站点 83 家。我国科技市场交易规模不断扩大，仅 2012 年全国成交技术合同282 242项，成交额达到 6437 亿元，成交金额占当年全国 R&D 投入约2/3。❶ 为了进一步推动科技服务市场的发展，促进科技成果转化，新《促进科技成果转化法》主要从建设科技中介、公共研究开发和科技企业孵化三类服务机构的角度，对科技服务市场进行了规范和促进。

新《促进科技成果转化法》从法律上对科技中介服务机构的发展问题做出了明确规定。该法第 30 条规定："国家培育和发展技术市场，鼓励创办科技中介服务机构，为技术交易提供交易场所、信息平台以及信息检索、加工与分析、评估、经纪等服务。科技中介服务机构提供服务，应当遵循公正、客观的原则，不得提供虚假的信息和证明，对其在服务过程中知悉的国家秘密和当事人的商业秘密负有保密义务"。根据该条规定，科技中介服务主要分为三类：一是为技术及其知识产权的交易提供交易场所或信息平台的行为，如有形的技术市场；二是为促进技术和知识产权交易而对技术及知识产权进行分析或评估的行为；三是技术和知识产权的买卖双方提供代理服务等的经纪行为。科技中介服务机构可能同时提供上述三种服务，也可能只提供上述一种或两种服务。

为了加快科技中介服务机构的发展，早在 2006 年科

---

❶ 技术市场总体概况，http://www.chinatorch.gov.cn/chinajishushichangguanli/zxjj/gaikuang.shtml.

技部即制定了《关于加快发展技术市场的意见》（国科发市字〔2006〕75号）。该意见明确要求：大力培育和发展各类科技中介服务机构，引导科技中介服务机构向专业化、规模化和规范化方向发展。发展多种形式、面向社会开展技术中介、咨询、经纪、信息、知识产权、技术评估、科技风险投资、技术产权交易等服务活动的中介机构，促进企业之间、企业与高等院校和科研院所之间的知识流动和技术转移。鼓励民营企业及民营资本参股和进入技术市场中介服务机构，引导技术市场中介服务机构通过兼并重组、优化整合，做优做强，实现组织网络化、手段现代化、功能综合化、服务社会化的发展目标。健全科技中介服务体系，为各类企业的创新活动提供社会化、市场化服务。整合科技中介服务资源，根据创新成果转化和商业化的全程服务链条，创建和发展以常设技术市场、技术交易机构、技术产权交易机构、技术转移中心、科技开发中心、科技成果转化中心、生产力促进中心、科技评估机构等为主的技术市场协作服务机制。支持和培育一批国家级技术市场中介服务机构，为自主创新的全过程提供综合配套服务，开展科技计划项目的招投标、计划项目成果的技术转移、推广等试点，使其发挥技术市场主导和示范带动作用，具备参与国际竞争的综合实力。

同时，2007年12月国家发展改革委、科技部、财政部、国家工商总局、国家版权局、国家知识产权局六部门联合颁布了《建立和完善知识产权交易市场的指导意见》，该意见明确提出要通过政府引导和市场推动，逐步构建以重点区域知识产权交易市场为主导，各类分支交易市场为基础，专业知识产权市场为补充，各类专业中介组织广泛参与、与国际惯例接轨、布局合理、功能齐备、充满活力的多层次知识产权交易市场体系。

首先，1996 年《促进科技成果转化法》第 18 条规定："在技术交易中从事代理或者居间等有偿服务的中介机构，须按照国家有关规定领取营业执照；在该机构中从事经纪业务的人员，须按照国家有关规定取得资格证书。"原国家科委于 1997 年印发了《技术经纪资格认定暂行办法》，该办法对技术经纪人资格的取得作出了明确规定，并规定："从事技术经纪业务的经纪人事务所、经纪人公司、个体技术经纪人员及兼营技术经纪的其他经纪组织，其技术经纪资格的认定和具有技术经纪资格的从业人员数量，必须符合有关法律规定。"但经过多年的实践，技术经纪人资格管理制度的运行并不理想，阻碍了有能力有经验的人士进行科技经纪服务，加之考虑到目前我国各种从业资格过多过滥的问题，科技部于 2011 年宣布《技术经纪资格认定暂行办法》失效。本次《促进科技成果转化法》修改则彻底删除了原第 18 条。

其次，新《促进科技成果转化法》明确强调了面向科技成果转化的公共研究开发服务。完整的科技成果转化是一个复杂的系统工程，包括研究开发、市场分析、小试中试、工业性生产和产业化发展等多个环节和步骤。在科技成果转化过程中，小试中试和工业性生产试验是关键环节，也是非常容易失败的环节，同时还需要投入大量的资源，因此，很多科技成果转化活动就折载在这个环节。考虑到中间性试验和工业性试验在产业内具有一定的共性特征，如果由服务机构提供标准的服务，可以通过规模效应，有效降低单个市场主体的中间试验成本和工业性试验成本，因此，国家有必要在此环节给予一定支持。所以，该法第 31 条规定："国家支持根据产业和区域发展需要建设公共研究开发平台，为科技成果转化提供技术集成、共性技术研究开发、中间试验和工业性试验、科技成果系统化和工程化开发、技术推广与示范等服务。"

为加强科技创新基础能力建设，推动我国科技资源的整合共享与高效利用，改变我国科技基础条件建设多头管理、分散投入的状况，减少科技资源低水平重复和浪费，打破科技资源条块分割、部门封闭、信息滞留和数据垄断的格局，2006 年科技部成立了国家科技基础条件平台中心。该中心的主要职责是：承担国家科技基础条件平台建设专项中有关大型科学仪器设备、自然科技资源、科学数据、科技文献、成果转化公共服务和网络科技环境六大平台建设项目的过程管理和基础性工作；参与在建平台建设项目的综合配置、中期评估与考核监督等工作；参与对已建国家科技基础条件平台项目的运行服务情况开展的评估和监督工作，承担相关的考评、开放共享补贴费测算等工作；承担科技基础条件门户系统的建设与运行管理工作。经过多年努力，我国科技平台建设取得很大的进展，初步建成了以研究实验基地和大型科学仪器设备、自然科技资源、科学数据、科技文献等六大领域为基本框架的国家科技基础条件平台建设体系；同时，各地方结合本地科技经济发展的具体需求和自身优势，因地制宜地建成了一批各具特色的地方科技平台。基于信息网络技术的科技资源共享体系初步形成，科技资源开放共享的理念得到广泛认同，科技资源得到有效配置和系统优化，资源利用率大大提高。

　　虽然国家科技基础条件平台中心所管理或联系的各类科技基础条件平台并非仅是针对科技成果转化而建设的，但是市场主体如果需要进行小试、中试或工业性试验等服务，仍然应该积极寻求相关领域的科技基础条件平台的帮助，因为这些科技基础条件平台不仅有义务提供相关服务，同时由于国家的资助和规模效应，这些科技基础条件平台服务的价格通常要远低于市场主体亲自进行小试、中试或工业性试验的成本。同时，科技部或地方政府的各类科技基础条件平台亦在加强面向科技成果转化的服务力度。例如：上海研发公共服务平台为了促进科技成果转化在 2015 年 4 月专门推出了"科技券"制度。"科技券"的功能是由政府免费向中小微企业或创业团队发放专门用于购买科研机构创新服务的权益凭证，每个企业和团队可获得的额度上限为 10 万元。在短短两个多月的时间内共有 488 家企业和创业团队，申领了 2400 万元科创新技券使用额度。在已经申请科技券的企业中，信息技术企业占比达 35%，企业人数不超过 20 人的小微型企业占 57%，科技券的补贴功能对小微企业非常具有吸引力。通过仪器共享服务和用户补贴，大量的中小企业可以节省动辄几百万元的仪器采购、保养费用，显著降低研发成本。为盘活资源存量，上海研发公共服务平台通过奖励评估，推动大型科研仪器向社会开放，提高使用效率。截至 2015 年 5 月底，上海已有 502 家仪器管理单位完成了 8161（台/套），总价值 105.21 亿元的仪器信息报送。其中，409 家管理单位价值 74.28 亿元的仪器加盟研发平台，提供共享服务。作为全国第一个地方立法促进大型科学仪器设施共享的城市，上海经过多年的发展和完善已经逐步建立了一套完整的促进大型科学仪器设施共享、利用的政策保障体系。截至 2014 年底，累计 541 家单位的 62 288 台次的仪器共获得 2014 年之前的共享服务奖励 5136.64 万元。❶

最后，新《促进科技成果转化法》明确规定国家应支持科技企业孵化服务机构的发展。科技企业是科技成果转化的重要载体，很多科技成果转化就与科技企业的成立相伴，所以，孵化科技企业的成立和发展是促进科技成果转化的一种重要市场形式。相应地，国家支持和帮助科技企业孵化服务的发展，提升科技企业孵化服务机构孵化科技企业的能力和水平，对于促进科技成果转化具有重要意义。因此，新《促进科技成果转化法》在 1996 年《促进科技成果转化法》特别增加了一条作为第 30 条，该条规定："国家支持科技企业孵化器、大学科技园等科技企业孵化机构发展，为初创期科技型中小企业提供孵化场地、创业辅导、研究开发与管理咨询等服务"。

我国历来重视科技企业孵化机构的发展。2010 年，科技部印发了《科技企业孵化器认定和管理办法》（国科发高〔2010〕680 号）。根据该办法，科技企业孵化器，是以促进科技成果转化、培养高新技术企业和企业家为宗旨的科技创业服务载体。科技企业孵化器的主要功能是以科技型创业企业为服务对象，通过开展创业培训、辅导、咨询，提供研发、试制、经营的场地和共享设施，以及政策、法律、财务、投融资、企业管理、人力资源、市场推广和加速成长等方面的服务，以降低创业风险和创业成

---

❶ 两个月申领额度达 2400 万元 科技券 7 月 1 日起可使用 ［EB/OL］. http://zw.sgst.cn/mtgz/wlqt/201507/t20150702_ 640411.html.

本，提高企业的成活率和成长性，培养成功的科技企业和企业家。该办法将科技企业孵化器分为国家级孵化器、地方孵化器和专业孵化器三类。国家级孵化器是指由科技部负责、并由各省级科技部门依据该办法所确定的标准具体认定的大型孵化器；地方孵化器是地方政府根据本地的孵化器管理办法所确定的标准认定的孵化器；专业孵化器是大型企业、科研机构等建立的围绕特定技术领域或特殊人群，在孵化对象、服务内容、运行模式和技术平台上实现专业化服务的孵化器。

经过多年发展，我国科技企业孵化机构已经取得了长足发展。据统计，截至 2014 年底，全国科技企业孵化器总数已经达到 1468 家，其中国家级孵化器 504 家；科技企业孵化器的孵化面积 5400 万平方米，在孵企业 7.8 万家，已经从孵化器毕业的企业 5.2 万家，毕业的上市 200余家，提供创业岗位 158 万人，引进千人计划人才超过 500 人。❶ 新《促进科技成果转化法》第 32 条的规定为科技企业孵化机构提供了明确法律基础，对于进一步提高孵化器服务能力和水平，促进科技成果转化和知识产权运用，培育创新创业人才和具有自主知识产权的科技型企业，具有重要意义。

---

❶ 科技企业孵化器统计，http://www.ctpio.org/data/help/01.note.pdf.

参考文献

中文文献

[1] 李明德，黄晖，闫文军．欧盟知识产权法［M］．北京：法律出版社，2010.

[2] 李明德．美国知识产权法［M］．2版．北京：法律出版，2014.

[3] 李明德．知识产权法［M］．2版．北京：法律出版社，2014.

[4] 李玉香．科技成果转化法律问题研究［M］．北京：知识产权出版社，2015.

[5] 林秀芹，刘铁光．自主知识产权的创造、运用与法律机制［M］．厦门：厦门大学出版社，2012.

[6] 马忠法．创新型国家建设背景下的科技成果转化法律制度研究［M］．上海：上海人民出版社，2013.

[7] 吴大志．武汉市农业科技成果转化现状及对策研究［M］．北京：中国农业科学技术出版社，2015.

[8] 吴敬学．农业科技成果转化：模式、机制与绩效研究［M］．北京：经济科学出版社，2013.

[9] 张广良．知识产权运用与保护研究（第一卷）［M］．北京：知识产权出版社，2009.

[10] 张文德．知识产权运用［M］．北京：知识产权出版社，2015.

[11] 乔永忠．知识产权管理与运用若干问题研究［M］．北京：知识产权出版社，2009.

[12] 徐辉，费忠华．科技成果转化及其对经济增长效应研究［M］．广州：中山大学出版社．

[13] 陈永伟，徐冬林．高新技术产业的创新能力与税收激励 [J]．税务研究，2010（8）．

[14] 崔勤之．国营企业经营管理权是新型的财产权 [J]．现代法学，1984（1）．

[15] 崔秀花．税法：知识产权战略实施的"加速器" [J]．广西社会科学，2008（7）．

[16] 丁明磊，侯琼华，张炜熙．奖励科技成果转化人员要突破工资总额限制 [J]．中国科技论坛，2014（12）．

[17] 窦静．高校科研涉税问题的思考 [J]．会计师，2012（5）．

[18] 冯晓青．我国企业知识产权质押融资及其完善对策研究 [J]．河北法学，2012（12）．

[19] 贺德方．对科技成果及科技成果转化若干基本概念的辨析与思考 [J]．中国软科学，2011（11）．

[20] 黄传慧，郑彦宁，吴春玉．美国科技成果转化机制研究 [J]．湖北社会科学，2011（10）．

[21] 黄钢平，麦方．税收制度视野下的企业无形资产拓展 [J]．税务与经济，2000（4）．

[22] 霍国庆．战略性新兴产业的研究现状与理论问题分析 [J]．山西大学学报：哲学社会科学版，2012（3）．

[23] 纪宏奎．科技领域涉税优惠政策盘点 [J]．税政征纳，2010（7）．

[24] 靳东升，王则斌．对我国非营利性科研机构的税收政策思考 [J]．中国科技产业，2002（1）．

[25] 孔祥俊．企业法人财产权研究——从经营权、法人财产权到法人所有权的必然走向 [J]．中国人民大学学报，1996（2）．

[26] 李静翠．"营改增"环境下高校横向科研涉税问题思考 [J]．财会通讯，2013（8）．

[27] 李开国．国营企业财产性质探讨 [J]．法学研究，1982（2）．

[28] 李玲娟，霍国庆，曾明彬，王瑞鑫．基于价值链的科技成

果转化政策述评［J］.科学管理研究，2014（1）.

［29］林加德.新企业所得税法下高新技术企业税收筹划［J］.
中国高新技术企业，2008（24）.

［30］刘宝平，魏华，孙胜祥.装备研制过程中知识产权运用分
析［J］.武汉理工大学学报：信息与管理工程版，2014
（6）.

［31］刘剑文.财税法功能的定位及其当代变迁［J］.中国法学，
2015（4）.

［32］刘向妹，刘群英.职务发明报酬制度的国际比较及建议
［J］.知识产权，2006（2）.

［33］穆荣平.德国向中国的技术转移——上海大众汽车公司案
例研究［J］.科研管理，1997（6）.

［34］孙建中，黄玉杰.高校科技成果转化系统的因素分析与对
策研究［J］.河北经贸大学学报，2002（2）.

［35］孙一冰，邢堃."税眼"扫描，税收政策助力高科技成果
产业化［J］.中国税务，2006（11）.

［36］王波，刘菊芳，龚亚麟."营改增"政策对知识产权服务
业的影响［J］.知识产权，2014（4）.

［37］王军."营改增"对高校横向科研社会问题的影响研究
［J］.华北科技学院学报，2014（11）.

［38］熊继宁.走出企业"法人财产权的认识误区"——兼评
"法人所有权"和"企业经营权"［J］.中国法学，1995
（2）.

［39］杨多萍，李晓杰.增值税环境下高校科研涉税问题探究
［J］.中国地质大学学报：社会科学版，2014（5）.

［40］杨萍，张源.我国科技成果转化的制度安排与机制优化
［J］.科技管理研究，2010（9）.

［41］杨千雨.论我国知识产权融资许可制度之构建——以美国
UCITA法的融资许可为借鉴［J］.法律科学：西北政法大

学学报，2014（3）.

［42］杨小敏．工资总额预算管理研究［J］．管理论坛，2012：4（30）.

［43］杨栩，于渤．中国科技成果转化模式的选择研究［J］．学习与探索，2012（8）.

［44］姚军，朱雪忠．促进我国知识产权发展的税制改革研究［J］经济师，2006（11）.

［45］余薇，秦英．科技型企业知识产权质押融资模式研究——以南昌市知识产权质押贷款试点为例［J］．企业经济，2013（6）.

［46］张悦，胡朝阳．论我国科技成果转化的法律环境［J］．科技与经济，2006（3）.

［47］马兰．浅析国防科技工业知识产权运用与产业化［J］．舰船科学技术，2007（S2）.

［48］宋河发．"十二五中国科学院知识产权工作推进计划"研究报告之"主要国家科研机构知识产权管理比较研究及加强我院知识产权管理的建议"［R］.

［49］唐素琴．国家知识产权局软科学研究项目（SS11-B-16）："职务发明制度研究"研究报告之附件二：职务发明制度实施情况及立法调研［R］.

英文文献

［1］Alireza Naghavi, Shin Kun Peng, Yingyi Tsai. Relationship-Specific Investments and Intellectual Property Rights Enforcement with Heterogeneous Suppliers. Centro Studi Luca d'Agliano Development Studies Working Paper No. 382.［EB/OL］. http://papers.ssrn.com/sol3/papers.cfm?abstract_id=2607982.

［2］Andrea Filippetti, Daniele Archibugi. The Globalization of Intellectual Property Rights. The Global Handbook of Science, Technology and Innovation, Wiley Oxford, 2015.

AUTM. U. S. Licensing Activity Survey HIGHLIGHTS. [EB/OL]. http://www.autm.net/FY2012_ Licensing_ Activity_ Survey/12357. htm.

[3] Belton M. Fleisher, William H. McGuire, Adam Nicholas Smith, Mi Zhou. Intangible Knowledge Capital and Innovation in China. IZA Discussion Paper No. 7798. [EB/OL] http://papers.ssrn.com/sol3/papers.cfm?abstract_ id=2367673.

[4] Gargi Chakrabarti. Vulnerable Position of Traditional Knowledge Under IPR: Concern for Sustainable Development. OIDA International Journal of Sustainable Development, Vol.7, No.3, pp. 67-94, 2014.

[5] Giancarlo Lauto, Massimo Bau, Cristiana Compagno. Individual and Institutional Drivers of Technology Transfer in Open Innovation [J]. Industry & Higher Education, Vol 27, No 1, pp 27-39.

[6] Haim V. Levy. Transferability and Commercialization of Patent Rights: Economic and Practical Perspectives [J]. Journal of Entrepreneurship, Management and Innovation (JEMI), Volume 8, Issue 2, pp. 44-59, 2012.

[7] Irma Becerra-Fernandez. Identifying Potential Markets for the Intellectual Property at Kennedy Space Center and Initial Results. [EB/OL] http://papers. ssrn. com/sol3/papers. cfm? abstract_ id=1511531.

[8] J. Clifton Fleming Jr. Domestic Section 351 Transfers of Intellectual Property: The Law as It Is vs [J]. The Law as the Commissioner Would Prefer It to Be. 16 Journal of Corporate Taxation 99 (1989).

[9] Jacob H. Rooksby. Innovation and Litigation: Tensions Between Universities and Patents and How to Fix Them [J]. 15 Yale

Journal of Law & Technology 312（2013）. Duquesne University School of Law Research Paper No. 2012-15.

［10］ Jacques Darcy, Helmut Kraemer - Eis, Dominique Guellec, Olivier Debande. Financing Technology Transfer ［J］. EIB Papers, Vol. 14, No. 2, pp. 54-73, 2009.

［11］ Jacques De Werra. What Legal Framework for Promoting the Cross-Border Flow of Intellectual Assets（Trade Secrets and Music）? A View from Europe Towards Asia（China and Japan）［J］. Intellectual Property Quarterly, 2009, issue 1, p. 27.

［12］ Martin H. D. Technology Transfer and North-South. ［EB/OL］. http：//papers. ssrn. com/sol3/papers. cfm? abstract_ id = 2616080.

［13］ Maxim V. Tsotsorin. Practical Considerations in Trade Secret Licensing. ［EB/OL］. http://papers. ssrn. com/sol3/papers. cfm?abstract_ id = 2334060.

［14］ Mindaugas Kiskis. Faculty Intellectual Property Rights in Canadian Universities ［J］. Baltic Journal of Law & Politics 5：2（2012）：81-108.

［15］ Mirjana Stankovic, Bratislav Stankovic. How Intellectual Property Rights, Licensing and Foreign Direct Investments Shape the Technology Transfer Landscape in Small Developing Countries? Case Study of the Republic of Macedonia. ［EB/OL］. http：//papers. ssrn. com/sol3/papers. cfm? abstract_ id = 2354936.

［16］ Nitish Kaushik. Intellectual Property：Licensing and Franchising. ［EB/OL］. http://papers. ssrn. com/sol3/papers. cfm? abstract_ id = 2315960.

［17］ Paolo Guarda. Consortium Agreement and Intellectual Property Rights within the European Union Research and Innovation Programme〔J〕. European Intellectual Property Review, 2015, vol. 37, issue 3, 161–171.

〔18〕 Paul Lugard. The New EU Technology Transfer Regime, Like a Rolling Stone?〔J〕. COMMUNICATIONS & STRATEGIES, no. 95, 3rd quarter 2014, p. 41.

〔19〕 Peter K. Yu. International Technology Contracts, Restrictive Covenants and the UNCTAD Code〔M〕. KNOW HOW, TRADE SECRETS AND RESTRICTIVE COVENANTS, Christopher Heath and Anselm Kamperman Sanders, eds., Kluwer Law International, 2016.

〔20〕 Radu Munteanu. University Research and Technology Transfer – A Competing RisksApproach.〔EB/OL〕http://papers.ssrn.com/sol3/papers.cfm?abstract_ id=1555301.

〔21〕 Ravi Srinivas Krishna. Technology Transfer and IPRs. Seminar, No. 606, pp. 23 – 26, 2010.〔EB/OL〕http://papers.ssrn.com/sol3/papers.cfm?abstract_ id=1554282.

〔22〕 Raymond Smilor. Jana Matthews, University Venturing: Technology Transfer and Commercialisation in Higher Education.〔EB/OL〕http://papers.ssrn.com/sol3/papers.cfm?abstract_ id=1511535.

〔23〕 Samantha R. Bradley, Christopher S. Hayter, Albert Link. Models and Methods of University Technology Transfer. Foundations and Trends in Entrepreneurship Vol. 9, No. 6, 2013.〔EB/OL〕http://papers.ssrn.com/sol3/papers.cfm?abstract_ id=2380317.

〔24〕 Sandeep Verma. IPRs and Technology Transfer: Assessing the Case for Review and Reforms of India's Defence Procurement Procedure (DPP). Institute for Defence Studies and Analyses; Issue Brief dated October 12, 2014.〔EB/OL〕http://papers.ssrn.com/sol3/papers.cfm?abstract_ id=2508878.

附录

《中华人民共和国促进科技成果转化法》修正前后对照表

1996年《中华人民共和国促进科技成果转化法》（1996年10月1日施行）	《中华人民共和国促进科技成果转化法修正案（草案）》（2015年3月2日征求意见稿）	新《中华人民共和国促进科技成果转化法》（2015年10月1日施行）
第一章 总 则	第一章 总 则	第一章 总 则
第一条 为了促进科技成果转化为现实生产力，规范科技	第一条 为了促进科技成果转化为现实生产力，规范科技成果转化	第一条 为了促进科技成果转化为现实生产力，规范科技成果转化

（续表）

1996年《中华人民共和国促进科技成果转化法》（1996年10月1日施行）	《中华人民共和国促进科技成果转化法修正案（草案）》（2015年3月2日征求意见稿）	新《中华人民共和国促进科技成果转化法》（2015年10月1日施行）
成果转化活动，加速科学技术进步，推动经济建设和社会发展，制定本法。	活动，加速科学技术进步，推动经济建设和社会发展，制定本法。	活动，加速科学技术进步，推动经济建设和社会发展，制定本法。
第二条　本法所称科技成果转化，是指为提高生产力水平而对科学研究与技术开发所产生的具有实用价值的科技成果所进行的后续试验、开发、应用、推广直至形成新产品、新工艺、新材料、发展新产业等活动。	第二条　本法所称科技成果转化，是指为提高生产力水平而对科学研究与技术开发所产生的具有实用价值的科技成果所进行的后续试验、开发、应用、推广直至形成新产品、新工艺、新材料、发展新产业等活动。	第二条　本法所称科技成果，是指通过科学研究与技术开发所产生的具有实用价值的成果。职务科技成果，是指执行研究开发机构、高等院校和企业等单位的工作任务，或者主要是利用上述单位的物质技术条件所完成的科技成果。 本法所称科技成果转化，是指为提高生产力水平而对科技成果所进行的后续试验、开发、应用、推广直至形成新技术、新工艺、新材料、新产品，发展新产业等活动。

181

（续表）

1996年《中华人民共和国促进科技成果转化法》（1996年10月1日施行）	《中华人民共和国促进科技成果转化法修正案（草案）》（2015年3月2日征求意见稿）	新《中华人民共和国促进科技成果转化法》（2015年10月1日施行）
第三条 科技成果转化活动应当有利于提高经济效益、社会效益和保护环境与资源，有利于促进经济建设、社会发展和国防建设。 科技成果转化活动应当遵循自愿、互利、公平、诚实信用的原则，依法或者依照合同的约定，享受权益，承担风险。 科技成果转化中的知识产权受法律保护。 科技成果转化活动应当遵守法律，维护国家利益，不得损害社会公共利益。	第三条 科技成果转化活动应当有利于提高经济效益、社会效益和保护环境，合理利用资源，有利于促进经济建设、社会发展和国家安全。 科技成果转化活动应当尊重市场规律，遵循自愿、互利、公平、诚实信用的原则，依法或者依照合同的约定，享有权益，承担风险。科技成果转化中的知识产权受法律保护。 科技成果转化活动应当遵守法律，维护国家利益，不得损害社会公共利益和他人合法权益。	第三条 科技成果转化活动应当有利于加快实施创新驱动发展战略，促进科技与经济的结合，有利于提高经济效益、社会效益和保护环境，合理利用资源，有利于促进经济建设、社会发展和维护国家安全。 科技成果转化活动应当尊重市场规律，发挥企业的主体作用，遵循自愿、互利、公平、诚实信用的原则，依照法律法规规定和合同约定，享有权益，承担风险。科技成果转化活动中的知识产权受法律保护。 科技成果转化活动应当遵守法律法规，维护国家利益，不得损害社会公共利益和他人合法权益。

（续表）

1996 年《中华人民共和国促进科技成果转化法》（1996 年 10 月 1 日施行）	《中华人民共和国促进科技成果转化法修正案（草案）》（2015 年 3 月 2 日征求意见稿）	新《中华人民共和国促进科技成果转化法》（2015 年 10 月 1 日施行）
	第四条　国家对科技成果转化合理安排财政资金投入，引导社会资金投入，推动科技成果转化资金投入多元化发展。 利用财政资金设立科技项目，有关行政部门、管理机构应当改进和完善科研组织管理方式，制定相关科技规划、计划，编制项目指南应当听取相关行业、企业的意见；组织实施应用类科技项目应当明确项目承担单位的科技成果转化义务，并将科技成果转化和知识产权管理、运用作为立项和验收的重要内容和依据。	第四条　国家对科技成果转化合理安排财政资金投入，引导社会资金投入，推动科技成果转化资金投入的多元化。

（续表）

1996年《中华人民共和国促进科技成果转化法》（1996年10月1日施行）	《中华人民共和国促进科技成果转化法修正案（草案）》（2015年3月2日征求意见稿）	新《中华人民共和国促进科技成果转化法》（2015年10月1日施行）
	第五条 国务院和地方各级人民政府应当加强科技、财政、投资、税收、人才、产业、金融、政府采购、军民融合等政策协同，为科技成果转化创造良好环境。 地方各级人民政府根据本法规定的原则，结合本地实际，可以采取更加有利于促进科技成果转化的措施。	第五条 国务院和地方各级人民政府应当加强科技、财政、投资、税收、人才、产业、金融、政府采购、军民融合等政策协同，为科技成果转化创造良好环境。 地方各级人民政府根据本法规定的原则，结合本地实际，可以采取更加有利于促进科技成果转化的措施。
	第六条 国家鼓励科技成果首先在中国境内实施。中国单位或者个人向境外的组织、个人转让或者许可其独占实施科技成果的，应当遵守相关法律、行政法规以及国家有关规定。	第六条 国家鼓励科技成果首先在中国境内实施。中国单位或者个人向境外的组织、个人转让或者许可其实施科技成果的，应当遵守相关法律、行政法规以及国家有关规定。

（续表）

1996 年《中华人民共和国促进科技成果转化法》（1996 年 10 月 1 日施行）	《中华人民共和国促进科技成果转化法修正案（草案）》（2015 年 3 月 2 日征求意见稿）	新《中华人民共和国促进科技成果转化法》（2015 年 10 月 1 日施行）
第四条 国务院科学技术行政部门、计划部门、经济综合管理部门和其他有关行政部门依照国务院规定的职责范围，管理、指导和协调科技成果转化工作。 地方各级人民政府负责管理、指导和协调本行政区域内的科技成果转化工作。	第八条 国务院科学技术行政部门、计划部门、经济综合管理部门和其他有关行政部门依照国务院规定的职责范围，管理、指导和协调科技成果转化工作。 地方各级人民政府负责管理、指导和协调本行政区域内的科技成果转化工作。	第八条 国务院科学技术行政部门、经济综合管理部门和其他有关行政部门依照国务院规定的职责，管理、指导和协调科技成果转化工作。 地方各级人民政府负责管理、指导和协调本行政区域内的科技成果转化工作。
	第七条 国家为了国家安全、国家利益和重大社会公共利益的需要，可以依法组织实施或者许可他人实施相关科技成果。	第七条 国家为了国家安全、国家利益和重大社会公共利益的需要，可以依法组织实施或者许可他人实施相关科技成果。
第二章 组织实施	第二章 组织实施	第二章 组织实施

185

（续表）

1996 年《中华人民共和国促进科技成果转化法》（1996 年 10 月 1 日施行）	《中华人民共和国促进科技成果转化法修正案（草案）》（2015 年 3 月 2 日征求意见稿）	新《中华人民共和国促进科技成果转化法》（2015 年 10 月 1 日施行）
第五条　国务院和地方各级人民政府应当将科技成果的转化纳入国民经济和社会发展计划，并组织协调实施有关科技成果的转化。	第九条　国务院和地方各级人民政府应当将科技成果的转化纳入国民经济和社会发展规划及计划，并组织协调实施有关科技成果的转化。	第九条　国务院和地方各级人民政府应当将科技成果的转化纳入国民经济和社会发展计划，并组织协调实施有关科技成果的转化。
		第十条　利用财政资金设立应用类科技项目和其他相关科技项目，有关行政部门、管理机构应当改进和完善科研组织管理方式，在制定相关科技规划、计划和编制项目指南时应当听取相关行业、企业的意见；在组织实施应用类科技项目时，应当明确项目承担者的科技成果转化义务，加强知识产权管理，并将科技成果转化和知识产权创造、运用作为立项和验收

186

（续表）

1996年《中华人民共和国促进科技成果转化法》（1996年10月1日施行）	《中华人民共和国促进科技成果转化法修正案（草案）》（2015年3月2日征求意见稿）	新《中华人民共和国促进科技成果转化法》（2015年10月1日施行）
		的重要内容和依据。
第二十五条　国家推进科学技术信息网络的建设和发展，建立科技成果信息资料库，面向全国，提供科技成果信息服务。	第十条　国家建立、完善科技报告制度和科技成果信息系统，向社会公布科技项目实施情况以及科技成果和相关知识产权信息，提供科技成果信息查询、筛选等公益服务。公布有关信息不得泄露国家秘密、商业秘密。对不宜公布的信息，有关部门应当及时告知相关科技项目承担者。 　　利用财政资金设立的科技项目的承担者应当按照规定及时提交相关科技报告，将科技成果和相关知识产权信息汇交到科技成果信息系统。 　　国家鼓励利用非财政资金设立的	第十一条　国家建立、完善科技报告制度和科技成果信息系统，向社会公布科技项目实施情况以及科技成果和相关知识产权信息，提供科技成果信息查询、筛选等公益服务。公布有关信息不得泄露国家秘密、商业秘密。对不宜公布的信息，有关部门应当及时告知相关科技项目承担者。 　　利用财政资金设立的科技项目的承担者应当按照规定及时提交相关科技成果和相关知识产权信息汇交到科技成果信息系统，并将科技成果和相关知识产权信息汇交到科技成果信息系统。 　　国家鼓励利用非财政资金设立的

187

（续表）

1996 年《中华人民共和国促进科技成果转化法》（1996 年 10 月 1 日施行）	《中华人民共和国促进科技成果转化法修正案（草案）》（2015 年 3 月 2 日征求意见稿）	新《中华人民共和国促进科技成果转化法》（2015 年 10 月 1 日施行）
	科技项目的承担者提交相关科技报告，将科技成果和相关知识产权信息汇交到科技成果信息系统，县级以上人民政府负责相关工作的部门应当为其提供方便。	科技项目的承担者提交相关科技报告，将科技成果和相关知识产权信息汇交到科技成果信息系统，县级以上人民政府负责相关工作的部门应当为其提供方便。
第六条 国务院有关部门和省、自治区、直辖市人民政府定期发布科技成果项目录和重点科技成果转化项目指南，优先安排和支持下列项目的实施： （一）明显提高产业技术水平和经济效益的； （二）形成产业规模，具有国际经济竞争能力的； （三）合理开发利用资源，	第十一条 对下列科技成果转化项目，国家通过政府采购、用户补贴、研究开发资助、发布产业技术指导目录、示范推广等方式予以支持： （一）能够显著提高产业技术水平、经济效益或者能够促进社会经济健康发展的新产业的； （二）能够合理开发和利用资源，节约能源、降低消耗以及防治环境	第十二条 对下列科技成果转化项目，国家通过政府采购、研究开发资助、发布产业技术指导目录、示范推广等方式予以支持： （一）能够显著提高产业技术水平、经济效益或者能够形成促进社会经济健康发展的新产业的； （二）能够显著提高国家安全能力公共安全水平的； （三）能够合理开发利用资源、

（续表）

1996年《中华人民共和国促进科技成果转化法》（1996年10月1日施行）	《中华人民共和国促进科技成果转化法修正案（草案）》（2015年3月2日征求意见稿）	新《中华人民共和国促进科技成果转化法》（2015年10月1日施行）
节约能源、降低消耗以及防治环境污染的； （四）促进高产、优质、高效农业和农村经济发展的； （五）加速少数民族地区、边远贫困地区社会经济发展的。	污染，提高应对气候变化和防灾减灾能力的； （四）能够促进高产、优质、高效、生态、安全农业或者农村经济发展的； （五）能够加快少数民族地区、边远地区、贫困地区社会经济发展的的。	节约能源、降低消耗以及防治环境污染、保护生态、提高应对气候变化和防灾减灾能力的； （四）能够改善民生和提高公共健康水平的； （五）能够促进现代农业或者农村经济发展的； （六）能够加快民族地区、边远地区、贫困地区社会经济发展的。
第七条　国家通过制定政策措施，提倡和鼓励采用先进技术、工艺和装备，不断改进、限制使用或者淘汰落后技术、工艺和装备。	第十二条　国家通过制定政策措施，提倡和鼓励采用先进技术、工艺和装备，不断改进、限制使用或者淘汰落后技术、工艺和装备。	第十三条　国家通过制定政策措施，提倡和鼓励采用先进技术、工艺和装备，不断改进、限制使用或者淘汰落后技术、工艺和装备。

189

（续表）

1996年《中华人民共和国促进科技成果转化法》（1996年10月1日施行）	《中华人民共和国促进科技成果转化法修正案（草案）》（2015年3月2日征求意见稿）	新《中华人民共和国促进科技成果转化法》（2015年10月1日施行）
	第十三条　国家加强标准制定工作，对新技术、新产品、新工艺、新材料依法及时制定国家标准、行业标准，推动先进适用技术推广和应用。 军品科研生产应当依法优先采用先进适用的民用标准，推动军用、民用技术相互转移、转化。	第十四条　国家加强标准制定工作，对新技术、新产品、新材料、新工艺依法及时制定国家标准、行业标准，积极参与国际标准的制定，推动先进适用技术推广和应用。 国家建立有效的军民科技成果相互转化体系，完善国防科技协同创新体制机制。军品科研生产应当依法优先采用先进适用的民用标准，推动军用、民用技术相互转移、转化。
第八条　各级人民政府组织实施的重点科技成果转化项目，可以由有关部门组织采用公开招标的方式实施转化。有关部门应当对中标单位提供招标时确定的资助或者其	第十四条　各级人民政府组织实施的重点科技成果转化项目，可以由有关部门组织采用公开招标的方式实施转化。有关部门应当对中标单位提供招标时确定的资助或者其	第十五条　各级人民政府组织实施的重点科技成果转化项目，可以由有关部门组织采用公开招标的方式实施转化。有关部门应当对中标单位提供招标时确定的资助或者其

（续表）

1996 年《中华人民共和国促进科技成果转化法》（1996 年 10 月 1 日施行）	《中华人民共和国促进科技成果转化法修正案（草案）》（2015 年 3 月 2 日征求意见稿）	新《中华人民共和国促进科技成果转化法》（2015 年 10 月 1 日施行）
时确定的资助或者其他条件。	他条件。	他条件。
第九条　科技成果持有者可以采用下列方式进行科技成果转化： （一）自行投资实施转化； （二）向他人转让该科技成果； （三）许可他人使用该科技成果； （四）以该科技成果作为合作条件，与他人共同实施转化； （五）以该科技成果作价投资，折算股份或者出资比例。	第十五条　科技成果持有者可以采用下列方式进行科技成果转化： （一）自行投资实施转化； （二）向他人转让该科技成果； （三）许可他人使用该科技成果； （四）以该科技成果作为合作条件，与他人共同实施转化； （五）以该科技成果作价投资，折算股份或者出资比例； （六）其他协商确定的方式。	第十六条　科技成果持有者可以采用下列方式进行科技成果转化： （一）自行投资实施转化； （二）向他人转让该科技成果； （三）许可他人使用该科技成果； （四）以该科技成果作为合作条件，与他人共同实施转化； （五）以该科技成果作价投资，折算股份或者出资比例； （六）其他协商确定的方式。
	第十六条　国家鼓励研究开发机构、高等院校按照有关规定采取转	第十七条　国家鼓励研究开发机构、高等院校采取转让、许可或者

191

（续表）

1996年《中华人民共和国促进科技成果转化法》（1996年10月1日施行）	《中华人民共和国促进科技成果转化法修正案（草案）》（2015年3月2日征求意见稿）	新《中华人民共和国促进科技成果转化法》（2015年10月1日施行）
	让，许可或者作价投资等方式，向企业或者其他组织转移科技成果。 国家设立的研究开发机构、高等院校应当加强对科技成果转化的管理、组织和协调，促进科技成果转化队伍建设，优化科技成果转化流程，通过本单位负责技术转移工作的机构或者委托独立的科技成果转化服务机构开展技术转移。	作价投资等方式，向企业或者其他组织转移科技成果。 国家设立的研究开发机构、高等院校应当加强对科技成果转化的管理、组织和协调，促进科技成果转化队伍建设，优化科技成果转化流程，通过本单位负责技术转移工作的机构或者委托独立的科技成果转化服务机构开展技术转移。
	第十七条　国家设立的研究开发机构、高等院校对其持有的科技成果，可以自主决定转让、许可或者作价投资，通过协议定价、在技术市场挂牌交易、拍卖等方式确定价格。通过协议定价的，应当在本单	第十八条　国家设立的研究开发机构、高等院校对其持有的科技成果，可以自主决定转让、许可或者作价投资。但应当通过协议定价、在技术交易市场挂牌交易、拍卖等方式确定价格。通过协议定价的，

（续表）

1996年《中华人民共和国促进科技成果转化法》（1996年10月1日施行）	《中华人民共和国促进科技成果转化法修正案（草案）》（2015年3月2日征求意见稿）	新《中华人民共和国促进科技成果转化法》（2015年10月1日施行）
	位公示科技成果名称、拟交易价格。	应当在本单位公示科技成果名称和拟交易价格。
	第十八条 国家设立的研究开发机构、高等院校转化科技成果所获得的收入全部留归本单位，在对完成、转化职务科技成果做出重要贡献的人员给予奖励和报酬后，纳入本单位预算，用于科学技术研究开发与成果转化工作。	
第十四条 国家设立的研究开发机构、高等院校所取得的具有实用价值的职务科技成果，本单位未能适时地实施转化的，科技成果完成人和参加	第十九条 国家设立的研究开发机构、高等院校所取得的具有实用价值的职务科技成果，本单位未能适时地实施转化的，科技成果完成人和参加	第十九条 国家设立的研究开发机构、高等院校所取得的职务科技成果，完成人在不变更职务科技成果权属的前提下，可以根据与本单位的协议进行该项科技成

（续表）

1996年《中华人民共和国促进科技成果转化法》（1996年10月1日施行）	《中华人民共和国促进科技成果转化法修正案（草案）》（2015年3月2日征求意见稿）	新《中华人民共和国促进科技成果转化法》（2015年10月1日施行）
人在不变更职务科技成果权属的前提下，可以根据与本单位的协议进行该项科技成果的转化，并享有协议规定的权益。该单位对上述科技成果转化活动应当予以支持。 科技成果完成人或者课题负责人，不得阻碍职务科技成果的转化。不得将职务科技成果及其技术资料和数据占为己有，侵犯单位的合法权益。	属的前提下，可以根据与本单位的协议进行该项科技成果的转化，并享有协议规定的权益。该单位对上述科技成果转化活动应当予以支持。 科技成果完成人或者课题负责人，不得阻碍职务科技成果的转化。不得将职务科技成果及其技术资料和数据占为己有，侵犯单位的合法权益。	果的转化，并享有协议规定的权益。该单位对上述科技成果转化活动应当予以支持。 科技成果完成人或者课题负责人，不得阻碍职务科技成果的转化。不得将职务科技成果及其技术资料和数据占为己有，侵犯单位的合法权益。
	第二十条　国家设立的研究开发机构、高等院校应当建立符合科技成果转化工作特点的职称评定、岗位管理、考核评价制度，完善收入人	第二十条　研究开发机构、高等院校的主管部门以及财政、科学技术等相关行政部门应当建立有利于促进科技成果转化的绩效考核评价

（续表）

1996年《中华人民共和国促进科技成果转化法》（1996年10月1日施行）	《中华人民共和国促进科技成果转化法修正案（草案）》（2015年3月2日征求意见稿）	新《中华人民共和国促进科技成果转化法》（2015年10月1日施行）
	分配激励约束机制。	体系，将科技成果转化情况作为对相关单位及人员评价、科研资金支持的重要内容和依据之一，并对科技成果转化绩效突出的相关单位及人员加大科研资金支持。 国家设立的研究开发机构、高等院校应当建立符合科技成果转化工作特点的职称评定、岗位管理和考核评价制度，完善收入分配激励约束机制。
第二十一条 国家设立的研究开发机构、高等院校应当向其主管部门提交科技成果转化情况年度报告，说明本单位依法取得的科技成果数量，实施转化情况以及相关收	第二十一条 国家设立的研究开发机构、高等院校应当向其主管部门提交科技成果转化情况年度报告，说明本单位依法取得的科技成果数量，实施转化情况以及相关收	第二十一条 国家设立的研究开发机构、高等院校应当向其主管部门提交科技成果转化情况年度报告，说明本单位依法取得的科技成果数量，实施转化情况以及相关收入分

195

（续表）

1996年《中华人民共和国促进科技成果转化法》（1996年10月1日施行）	《中华人民共和国促进科技成果转化法修正案（草案）》（2015年3月2日征求意见稿）	新《中华人民共和国促进科技成果转化法》（2015年10月1日施行）
	入分配情况。主管部门应当按照规定将科技成果转化情况年度报告报送财政、科技等相关行政部门。 　　研究开发机构、高等院校的主管部门以及财政、科技等相关行政部门应当建立有利于促进科技成果转化等相关行政部门应当建立有利于促进科技成果转化的绩效考核评价体系，将科技成果转化情况作为对相关单位及人员评价、科研资金支持的重要内容和依据之一，并根据科技成果转化情况加大或者减少对相关单位及人员的科研资金支持。	配情况。该主管部门应当按照规定将科技成果转化情况年度报告报送财政、科学技术等相关行政部门。
第十条　企业为采用新技术、新工艺、新材料和生产新	第二十二条　企业为采用新技术、新工艺、新材料和生产新产品，	第二十二条　企业为采用新技术、新工艺、新材料和生产新产品，

（续表）

1996年《中华人民共和国促进科技成果转化法》（1996年10月1日施行）	《中华人民共和国促进科技成果转化法修正案（草案）》（2015年3月2日征求意见稿）	新《中华人民共和国促进科技成果转化法》（2015年10月1日施行）
产品，可以自行发布信息或者委托技术交易中介机构征集其所需的科技成果，或者征寻科技成果转化的合作者。	可以自行发布信息或者委托科技中介服务机构征集其所需的科技成果，或者征寻科技成果转化的合作者。 县级以上地方各级人民政府科学技术行政部门和其他有关部门应当根据职责分工，为企业获取所需的科技成果提供帮助和支持。	可以自行发布信息或者委托科技中介服务机构征集其所需的科技成果，或者征寻科技成果转化的合作者。 县级以上地方各级人民政府科学技术行政部门和其他有关部门应当根据职责分工，为企业获取所需的科技成果提供帮助和支持。
第十一条　企业依法有权独立或者与境内外企业、事业单位和其他合作者联合实施科技成果转化。 企业可以通过公平竞争、独立或者与其他单位联合承担政府组织实施的科技研究开发和科技成果转化项目。	第二十三条　企业依法有权独立或者与境内外企业、事业单位和其他合作者联合实施科技成果转化。 企业可以通过公平竞争、独立或者与其他单位联合承担政府组织实施的科技研究开发和科技成果转化项目。	第二十三条　企业依法有权独立或者与境内外企业、事业单位和其他合作者联合实施科技成果转化。 企业可以通过公平竞争、独立或者与其他单位联合承担政府组织实施的科技研究开发和科技成果转化项目。

（续表）

1996 年《中华人民共和国促进科技成果转化法》（1996 年 10 月 1 日施行）	《中华人民共和国促进科技成果转化法修正案（草案）》（2015 年 3 月 2 日征求意见稿）	新《中华人民共和国促进科技成果转化法》（2015 年 10 月 1 日施行）
	第二十四条　对利用财政资金设立的具有市场应用前景、产业目标明确的科技项目，政府有关部门、管理机构应当发挥企业在研究开发方向选择、项目实施和成果应用中的主导作用，鼓励企业、研究开发机构、高等院校及其他组织共同实施。	第二十四条　对利用财政资金设立的具有市场应用前景、产业目标明确的科技项目，政府有关部门、管理机构应当发挥企业在研究开发方向选择、项目实施和成果应用中的主导作用，鼓励企业、研究开发机构、高等院校及其他组织共同实施。
第十二条　国家鼓励研究开发机构、高等院校等事业单位与生产企业相结合，联合实施科技成果转化。 研究开发机构、高等院校等事业单位，可以参与政府有关部门或者企业实施科技成果转化的招标投标活动。	第二十五条　国家鼓励研究开发机构、高等院校与企业相结合，联合实施科技成果转化。 研究开发机构、高等院校可以参与政府有关部门或者企业实施科技成果转化的招标投标活动。	第二十五条　国家鼓励研究开发机构、高等院校与企业相结合，联合实施科技成果转化。 研究开发机构、高等院校可以参与政府有关部门或者企业实施科技成果转化的招标投标活动。

（续表）

1996年《中华人民共和国促进科技成果转化法》（1996年10月1日施行）	《中华人民共和国促进科技成果转化法修正案（草案）》（2015年3月2日征求意见稿）	新《中华人民共和国促进科技成果转化法》（2015年10月1日施行）
第十五条　科技成果完成单位、科技成果转化实施单位，就科技成果的后续试验、开发、应用和生产经营进行合作，应当签订合同，约定各方享有的权利和承担的风险。	第二十六条　国家鼓励企业与研究开发机构、高等院校及其他组织采取联合研究开发平台、技术转移机构或者技术创新联盟等产学研合作方式，共同开展研究开发、成果应用与推广、标准研究与制定等活动。 合作各方应当签订协议，依法约定合作的组织形式、任务分工、资金投入、知识产权归属、权益分配、风险分担等事项。	第二十六条　国家鼓励企业与研究开发机构、高等院校及其他组织采取联合研究开发平台、技术转移机构或者技术创新联盟等产学研合作方式，共同开展研究开发、成果应用与推广、标准研究与制定等活动。 合作各方应当签订协议，依法约定合作的组织形式、任务分工、资金投入、知识产权归属、权益分配、风险分担和违约责任等事项。
	第二十七条　国家鼓励研究开发机构、高等院校与企业及其他组织开展科技人员交流，根据专业特点，行业领域技术发展需要，聘请企业	第二十七条　国家鼓励研究开发机构、高等院校与企业及其他组织开展科技人员交流，根据专业特点，行业领域技术发展需要，聘请企业

（续表）

1996年《中华人民共和国促进科技成果转化法》（1996年10月1日施行）	《中华人民共和国促进科技成果转化法修正案（草案）》（2015年3月2日征求意见稿）	新《中华人民共和国促进科技成果转化法》（2015年10月1日施行）
	及其他组织的科技人员兼职从事教学科研工作，支持本单位的科技人员到企业及其他组织从事科技成果转化活动。	及其他组织的科技人员兼职从事教学科研工作，支持本单位的科技人员到企业及其他组织从事科技成果转化活动。
	第二十八条　国家支持企业与研究开发机构、高等院校、职业院校及培训机构联合建立学生实习实践培训基地和研究生科研实践工作机构，共同培养专业技术人才和高技能人才。	第二十八条　国家支持企业与研究开发机构、高等院校、职业院校及培训机构联合建立学生实习实践培训基地和研究生科研实践工作机构，共同培养专业技术人才和高技能人才。
第十三条　国家鼓励农业科研机构、农业试验示范单位独立或者与其他单位合作实施农业科技成果转化。	第二十九条　国家鼓励农业科研机构、农业试验示范单位独立或者与其他单位合作实施农业科技成果转化。	第二十九条　国家鼓励农业科研机构、农业试验示范单位独立或者与其他单位合作实施农业科技成果转化。

（续表）

1996年《中华人民共和国促进科技成果转化法》（1996年10月1日施行）	《中华人民共和国促进科技成果转化法修正案（草案）》（2015年3月2日征求意见稿）	新《中华人民共和国促进科技成果转化法》（2015年10月1日施行）
农业科研机构为推进其科技成果转化，可以依法经营其独立开发或者与其他单位合作研究开发经过审定的优良品品种。	农业科研机构为推进其科技成果转化，可以依法经营其独立研究开发或者与其他单位合作研究开发并经过审定的优良品种。	
第十四条　国家设立的研究开发机构、高等院校所取得的具有实用价值的职务科技成果，本单位未能适时地实施转化的，科技成果完成人和参加人在不变更职务科技成果权属的前提下，可以根据与本单位的协议进行该项科技成果的转化，并享有协议规定的权益。该单位对上述科技成果转化活	修改作为第十九条	修改作为第十九条

（续表）

1996年《中华人民共和国促进科技成果转化法》（1996年10月1日施行）	《中华人民共和国促进科技成果转化法修正案（草案）》（2015年3月2日征求意见稿）	新《中华人民共和国促进科技成果转化法》（2015年10月1日施行）
动应当予以支持。科技成果完成人或者课题负责人，不得阻碍职务科技成果的转化，不得将职务科技成果及其技术资料和数据占为己有，侵犯单位的合法权益。		
第十五条 科技成果完成单位、科技成果实施单位和科技成果转化投资单位，就科技成果的后续试验、开发、应用和生产经营进行合作，应当签订合同，约定各方享有的权利和承担的风险。	修改作为第二十六条	修改作为第二十六条

（续表）

1996年《中华人民共和国促进科技成果转化法》（1996年10月1日施行）	《中华人民共和国促进科技成果转化法修正案（草案）》（2015年3月2日征求意见稿）	新《中华人民共和国促进科技成果转化法》（2015年10月1日施行）
第十六条　科技成果转化活动中对科技成果进行检测和价值评估，必须遵循公正、客观的原则，不得提供虚假的检测结果或者评估证明。 国家设立的研究开发机构、高等院校和国有企业与中国境外的企业、其他组织或者个人合作进行科技成果转化活动，必须按照国家有关规定对科技成果的价值进行评估。 科技成果转化中的对外合作，涉及国家秘密事项的，依法按照规定的程序事先经过批准。 第十七条　依法设立的从事	第三十条　国家培育和发展技术市场，鼓励创办科技中介服务机构，为技术交易提供交易场所、信息平台以及信息检索、加工与分析、评估、经纪等服务。 科技中介服务机构提供服务，应当遵循公正、客观的原则，不得提供虚假的信息和证明，对其在服务过程中知悉的国家秘密和当事人的商业秘密负有保密义务。	第三十条　国家培育和发展技术市场，鼓励创办科技中介服务机构，为技术交易提供交易场所、信息平台以及信息检索、加工与分析、评估、经纪等服务。 科技中介服务机构提供服务，应当遵循公正、客观的原则，不得提供虚假的信息和证明，对其在服务过程中知悉的国家秘密和当事人的商业秘密负有保密义务。

（续表）

1996 年《中华人民共和国促进科技成果转化法》（1996 年 10 月 1 日施行）	《中华人民共和国促进科技成果转化法修正案（草案）》（2015 年 3 月 2 日征求意见稿）	新《中华人民共和国促进科技成果转化法》（2015 年 10 月 1 日施行）
技术交易的场所或者机构，可以进行下列推动科技成果转化的活动： （一）介绍和推荐先进、成熟、实用的科技成果； （二）提供科技成果转化需要的经济信息、技术信息、环境信息和其他有关信息； （三）进行技术贸易活动； （四）为科技成果转化提供其他咨询服务。		
第十八条　在技术交易中从事代理或者居间服务的中介机构，须按照国家有关规定领取营业执照；在该机构中	删除	删除

（续表）

1996年《中华人民共和国促进科技成果转化法》（1996年10月1日施行）	《中华人民共和国促进科技成果转化法修正案（草案）》（2015年3月2日征求意见稿）	新《中华人民共和国促进科技成果转化法》（2015年10月1日施行）
从事经纪业务的人员，须按照国家有关规定取得资格证书。 第十九条 国家鼓励企业、事业单位和农村科技经济合作组织进行中间试验、工业性试验、农业试验示范和其他技术创新科技服务活动。 从事科技成果转化的中间试验基地、工业性试验基地、农业试验示范基地以及其他技术创新科技服务机构可以进行下列活动： （一）对新产品、新工艺进行中间试验和工业性试验； （二）面向社会进行地区或	第三十一条 国家支持根据产业和区域发展需要建设公共研究开发平台，为科技成果转化提供技术集成、共性技术研究开发、中间试验和工业性试验，科技成果系统化和工程化开发，科技成果推广与示范等服务。	第三十一条 国家支持根据产业和区域发展需要建设公共研究开发平台，为科技成果转化提供技术集成、共性技术研究开发、中间试验和工业性试验，科技成果系统化和工程化开发，技术推广与示范等服务。

1996年《中华人民共和国促进科技成果转化法》（1996年10月1日施行）	《中华人民共和国促进科技成果转化法修正案（草案）》（2015年3月2日征求意见稿）	新《中华人民共和国促进科技成果转化法》（2015年10月1日施行）
者行业科技成果系统化、工程化的配套开发和技术创新； （三）为中小企业、乡镇企业、农村科技经济合作组织提供技术和技术服务； （四）为转化高技术成果、创办相关企业提供综合配套服务。		
前款所列基地和机构的基本建设经国务院有关部门和省、自治区、直辖市人民政府批准，纳入国家或者地方有关规划。		
	第三十二条　国家支持科技企业孵化器、国家大学科技园等科技企业孵化机构发展，为初创期科技型	第三十二条　国家支持科技企业孵化器、大学科技园等科技企业孵化化机构发展，为初创期科技型中小

新《促进科技成果转化法》与知识产权运用相关问题研究

（续表）

1996 年《中华人民共和国促进科技成果转化法》（1996 年 10 月 1 日施行）	《中华人民共和国促进科技成果转化法修正案（草案）》（2015 年 3 月 2 日征求意见稿）	新《中华人民共和国促进科技成果转化法》（2015 年 10 月 1 日施行）
	中小企业提供孵化场地、创业辅导、研究开发管理咨询等服务。	企业提供孵化场地、创业辅导、研究开发与管理咨询等服务。
第二十条 科技成果转化的试验产品，按照国家有关试销产品的规定，经有关部门批准，可以在核定的试销期内试销。试产、试销上述产品应当符合国家有关技术、质量、安全、卫生等标准。	删除	删除
第三章 保障措施	第三章 保障措施	第三章 保障措施
第二十一条 国家财政用于科学技术、固定资产投资科技改造的经费，应当有一定比例用于科技成果转化。	第三十三条 科技成果转化财政经费，主要用于科技成果转化的引导资金、贷款贴息，补助资金和风险投资以及其他促进科技成果转化	第三十三条 科技成果转化财政经费，主要用于科技成果转化的引导资金、贷款贴息，补助资金和风险投资以及其他促进科技成果转化

207

（续表）

新《中华人民共和国促进科技成果转化法》（2015年10月1日施行）	《中华人民共和国促进科技成果转化法修正案（草案）》（2015年3月2日征求意见稿）	1996年《中华人民共和国促进科技成果转化法》（1996年10月1日施行）
的资金用途。	的资金用途。	果转化的国家财政经费，主要用于科技成果转化的引导资金、贷款贴息，补助资金及风险投资以及其他促进科技成果转化的资金用途。
第三十四条 国家依照有关税收法律、行政法规规定对科技成果转化活动实行税收优惠。	第三十四条 国家对科技成果转化活动实行税收优惠政策。具体办法由国务院规定。	第二十二条 国家对科技成果转化活动实行税收优惠政策。具体办法由国务院规定。
第三十五条 国家鼓励银行业金融机构在组织形式、管理机制、金融产品和服务等方面进行创新，鼓励开展知识产权质押质、股权质押贷款等贷款业务，为科技成果转化提供金融支持。	第三十五条 国家鼓励银行业金融机构在组织形式、管理机制、金融产品和服务等方面进行创新，鼓励开展知识产权质押质、股权质押贷款等贷款业务，为科技成果转化提供金融支持。	第二十三条 国家金融机构应当在信贷方面支持科技成果转化，逐步增加用于科技成果转化的贷款。

（续表）

1996 年《中华人民共和国促进科技成果转化法》（1996 年 10 月 1 日施行）	《中华人民共和国促进科技成果转化法修正案（草案）》（2015 年 3 月 2 日征求意见稿）	新《中华人民共和国促进科技成果转化法》（2015 年 10 月 1 日施行）
	国家鼓励政策性金融机构采取措施，加大对科技成果转化的金融支持。	国家鼓励政策性金融机构采取措施，加大对科技成果转化的金融支持。
	第三十六条　国家鼓励保险机构开发符合科技成果转化特点的保险品种，为科技成果转化提供保险服务。	第三十六条　国家鼓励保险机构开发符合科技成果转化特点的保险品种，为科技成果转化提供保险服务。
	第三十七条　国家完善多层次资本市场，支持企业通过股权交易、依法发行股票和债券等直接融资方式为科技成果转化项目进行融资。	第三十七条　国家完善多层次资本市场，支持企业通过股权交易、依法发行股票和债券等直接融资方式为科技成果转化项目进行融资。
	第三十八条　国家鼓励创业投资机构投资科技成果转化项目。国家设立的创业投资引导基金。	第三十八条　国家鼓励创业投资机构投资科技成果转化项目。国家设立的创业投资引导基金。

209

（续表）

1996年《中华人民共和国促进科技成果转化法》（1996年10月1日施行）	《中华人民共和国促进科技成果转化法修正案（草案）》（2015年3月2日征求意见稿）	新《中华人民共和国促进科技成果转化法》（2015年10月1日施行）
	应当引导和支持创业投资机构投资初创期科技型中小企业。	应当引导和支持创业投资机构投资初创期科技型中小企业。
第二十四条 国家鼓励设立科技成果转化基金或者风险基金，其资金来源由国家、地方、企业、事业单位以及其他组织或者个人提供。用于支持高投入、高风险、高产出的科技成果的转化，加速重大科技成果的产业化。科技成果转化基金和风险基金的设立及其资金使用，依照国家有关规定执行。	第三十九条 国家鼓励设立科技成果转化基金或者风险基金，其资金来源由国家、地方、企业、事业单位以及其他组织或者个人提供。用于支持高投入、高风险、高产出的科技成果的转化，加速重大科技成果的产业化。科技成果转化基金和风险基金的设立及其资金使用，依照国家有关规定执行。修改作为第十条	第三十九条 国家鼓励设立科技成果转化基金或者风险基金，其资金来源由国家、地方、企业、事业单位以及其他组织或者个人提供。用于支持高投入、高风险、高产出的科技成果的转化，加速重大科技成果的产业化。科技成果转化基金和风险基金的设立及其资金使用，依照国家有关规定执行。修改作为第十一条
第二十五条 国家推进科学技术信息网络的建设和发展，建		

（续表）

1996年《中华人民共和国促进科技成果转化法》（1996年10月1日施行）	《中华人民共和国促进科技成果转化法修正案（草案）》（2015年3月2日征求意见稿）	新《中华人民共和国促进科技成果转化法》（2015年10月1日施行）
立科技成果信息资料库，面向全国，提供科技成果信息服务。		
第四章　技术权益	第四章　技术权益	第四章　技术权益
第二十六条　科技成果完成单位与其他单位合作进行科技成果转化的，应当依法由合同约定该科技成果转化成果有关权益的归属。合同未作约定的，按照下列原则办理：	第四十条　科技成果完成单位与其他单位合作进行科技成果转化的，应当依法由合同约定该科技成果转化成果有关权益的归属。合同未作约定的，按照下列原则办理：	第四十条　科技成果完成单位与其他单位合作进行科技成果转化的，应当依法由合同约定该科技成果转化成果有关权益的归属。合同未作约定的，按照下列原则办理：
（一）在合作转化中无新的发明创造的，归该科技成果完成单位；	（一）在合作转化中无新的发明创造的，归该科技成果完成单位；	（一）在合作转化中无新的发明创造的，归该科技成果完成单位；
（二）在合作转化中产生新的发明创造的，该新发明创造	（二）在合作转化中产生新的发明创造的，该新发明创造的权益归合作各方共有；	（二）在合作转化中产生新的发明创造的，该新发明创造的权益归合作各方共有；

（续表）

1996 年《中华人民共和国促进科技成果转化法》（1996 年 10 月 1 日施行）	《中华人民共和国促进科技成果转化法修正案（草案）》（2015 年 3 月 2 日征求意见稿）	新《中华人民共和国促进科技成果转化法》（2015 年 10 月 1 日施行）
的权益归合作各方共有； （三）对合作转化中产生的科技成果，各方都有实施该项科技成果、转让该科技成果的权利，转让该科技成果应经合作各方同意。	（三）对合作转化中产生的科技成果，各方都有实施该项科技成果、转让该科技成果的权利，转让该科技成果应经合作各方同意。	（三）对合作转化中产生的科技成果，各方都有实施该项科技成果、转让该科技成果的权利，转让该科技成果应经合作各方同意。
第二十七条　科技成果完成单位与其他单位合作转化的，合作各方应当就保守技术秘密达成协议；当事人不得违反协议或者违反技术秘密权利人有关保守技术秘密的要求，披露、允许他人使用该技术。 技术交易场所或者中介机构对其在从事代理或者居间服务中知悉的有关当事人的技术秘	第四十一条　科技成果完成单位与其他单位合作进行科技成果转化的，合作各方应当就保守技术秘密达成协议；当事人不得违反协议或者违反技术秘密权利人有关保守技术秘密的要求，披露、允许他人使用该技术。	第四十一条　科技成果完成单位与其他单位合作进行科技成果转化的，合作各方应当就保守技术秘密达成协议；当事人不得违反协议或者违反技术秘密权利人有关保守技术秘密的要求，披露、允许他人使用该技术。

（续表）

1996年《中华人民共和国促进科技成果转化法》（1996年10月1日施行）	《中华人民共和国促进科技成果转化法修正案（草案）》（2015年3月2日征求意见稿）	新《中华人民共和国促进科技成果转化法》（2015年10月1日施行）
密，负有保密义务。 第二十八条 企业、事业单位应当建立健全技术秘密保护制度。保护本单位的技术秘密。职工应当遵守本单位的技术秘密保护制度。 企业、事业单位可以与参加科技成果转化的有关人员签订在职期间或者离职、离休、退休后一定期限内保守本单位技术秘密的协议；有关人员不得违反约定，泄露本单位的技术秘密和从事与原单位相同的科技成果转化活动。 职工不得将职务科技成果擅	第四十二条 企业、事业单位应当建立健全技术秘密保护制度。保护本单位的技术秘密。职工应当遵守本单位的技术秘密保护制度。 企业、事业单位可以与参加科技成果转化的有关人员签订在职期间或者离职、离休、退休后一定期限内保守本单位技术秘密的协议；有关人员不得违反约定，泄露本单位的技术秘密和从事与原单位相同的科技成果转化活动。 职工不得将职务科技成果擅自转让或者变相转让。	第四十二条 企业、事业单位应当建立健全技术秘密保护制度。保护本单位的技术秘密。职工应当遵守本单位的技术秘密保护制度。 企业、事业单位可以与参加科技成果转化的有关人员签订在职期间或者离职、离休、退休后一定期限内保守本单位技术秘密的协议；有关人员不得违反约定，泄露本单位的技术秘密和从事与原单位相同的科技成果转化活动。 职工不得将职务科技成果擅自转让或者变相转让。

213

（续表）

1996年《中华人民共和国促进科技成果转化法》（1996年10月1日施行）	《中华人民共和国促进科技成果转化法修正案（草案）》（2015年3月2日征求意见稿）	新《中华人民共和国促进科技成果转化法》（2015年10月1日施行）
自转让或者变相转让。		
	第四十三条 职务科技成果转化后，由科技成果完成单位对完成、转化该项科技成果做出重要贡献的人员给予奖励和报酬。 科技成果完成单位可以规定或者与科技人员约定奖励和报酬的方式和数额。单位制定相关规定，应当充分听取本单位科技人员的意见，并在本单位公开相关规定。	第四十三条 国家设立的研究开发机构、高等院校转化科技成果所获得的收入全部留归本单位。在对完成、转化职务科技成果做出重要贡献的人员给予奖励和报酬后，主要用于科学技术研究开发与成果转化等相关工作。
		第四十四条 职务科技成果转化后，由科技成果完成单位对完成、转化该项科技成果做出重要贡献的人员给予奖励和报酬。

（续表）

1996年《中华人民共和国促进科技成果转化法》（1996年10月1日施行）	《中华人民共和国促进科技成果转化法修正案（草案）》（2015年3月2日征求意见稿）	新《中华人民共和国促进科技成果转化法》（2015年10月1日施行）
		科技成果完成单位可以规定或者与科技人员约定奖励和报酬的方式、数额和时限。单位制定相关规定，应当充分听取本单位科技人员的意见，并在本单位公示相关规定。
第二十九条 科技成果完成单位将其职务科技成果转让给他人的，单位应当从转让该项职务科技成果所取得的净收入中，提取不低于百分之二十的比例，对完成该项科技成果及其转化做出重要贡献的人员给予奖励。 第三十条 企业、事业单位独立研究开发或者与其他单位	第四十四条 科技成果完成单位未规定，也未约定奖励和报酬的，按照下列标准对完成、转化职务科技成果做出重要贡献的人员给予奖励和报酬： （一）将该项职务科技成果转让、许可给他人实施的，从该项科技成果转让、许可收入中提取不低于百分之二十的比例； （二）利用该项职务科技成果作	第四十五条 科技成果完成单位未规定，也未与科技人员约定奖励和报酬的方式和报酬的，按照下列标准对完成、转化职务科技成果做出重要贡献的人员给予奖励和报酬： （一）将该项职务科技成果转让、许可给他人实施的，从该项科技成果转让、许可净收入或者许可净收入中提取不低于百分之五十的比例；

215

（续表）

1996年《中华人民共和国促进科技成果转化法》（1996年10月1日施行）	《中华人民共和国促进科技成果转化法修正案（草案）》（2015年3月2日征求意见稿）	新《中华人民共和国促进科技成果转化法》（2015年10月1日施行）
合作研究开发的科技成果实施转化成功投产后，单位应当连续三至五年从实施科技成果新增留利中提取不低于百分之五的比例，对完成该项科技成果及其转化做出重要贡献的人员给予奖励。 采用股份形式的企业，可以对在科技成果的研究开发、实施转化中做出重要贡献的有关人员的报酬或者奖励，按照国家有关规定将其折算为股份或者出资比例，该科技人员依据其所持股份或者出资比例分享收益。	价投资的，从该项科技成果形成的股份或者出资比例中提取不低于百分之二十的； （三）单位将该项职务科技成果自行实施或者与他人合作实施的，应当在实施转化成功投产后，连续三至五年从实施该项科技成果的营业利润中提取不低于百分之五的比例。 依照前款规定对完成、转化职务科技成果做出重要贡献的人员给予奖励和报酬的标准，包括依照《中华人民共和国专利法》及其实施细则对取得专利权的职务发明创造的发明人和设计人给予的报酬。 国有企业、事业单位依照本法规	（二）利用该项职务科技成果作价投资的，从该项科技成果形成的股份或者出资比例中提取不低于百分之五十的； （三）将该项职务科技成果自行实施或者与他人合作实施的，应当在实施转化成功投产后连续三至五年，每年从实施该项科技成果的营业利润中提取不低于百分之五的比例。 国家设立的研究开发机构、高等院校规定或者与科技人员约定奖励和报酬的方式和数额应当符合前款第一项至第三项规定的标准。 国有企业、事业单位依照本法规

附录 《中华人民共和国促进科技成果转化法》修正前后对照表

（续表）

1996年《中华人民共和国促进科技成果转化法》（1996年10月1日施行）	《中华人民共和国促进科技成果转化法修正案（草案）》（2015年3月2日征求意见稿）	新《中华人民共和国促进科技成果转化法》（2015年10月1日施行）
	定对完成、转化职务科技成果做出重要贡献的人员给予奖励和报酬的支出计入当年本单位工资总额，但不纳入本单位工资总额基数。	定对完成、转化职务科技成果做出重要贡献的人员给予奖励和报酬的支出计入当年本单位工资总额，但不受当年本单位工资总额限制，不纳入本单位工资总额基数。
第五章 法律责任	第五章 法律责任	第五章 法律责任
	第四十五条 利用财政资金设立的科技项目的承担者未依照本法规定提交科技报告，汇交科技成果和相关知识产权信息的，由组织实施项目的政府有关部门、管理机构责令改正；情节严重的，予以通报批评。禁止其在一定期限内承担利用财政资金设立的科技项目。	第四十六条 利用财政资金设立的科技项目的承担者未依照本法规定提交科技报告，汇交科技成果和相关知识产权信息的，由组织实施项目的政府有关部门、管理机构责令改正；情节严重的，予以通报批评。禁止其在一定期限内承担利用财政资金设立的科技项目。

217

（续表）

1996年《中华人民共和国促进科技成果转化法》(1996年10月1日施行)	《中华人民共和国促进科技成果转化法修正案（草案）》(2015年3月2日征求意见稿)	新《中华人民共和国促进科技成果转化法》(2015年10月1日施行)
		国家设立的研究开发机构、高等院校未依照本法规定提交科技成果转化情况年度报告的，由其主管部门责令改正；情节严重的，予以通报批评。
第三十一条 违反本法规定，在科技成果转化活动中弄虚作假，采取欺骗手段，骗取奖励和荣誉称号、诈骗钱财、非法牟利的，责令改正，取消该奖励和荣誉称号，没收违法所得，给他人造成经济损失的，依法承担民事赔偿责任。构成犯罪的，依法追究刑事责任。	第四十六条 违反本法规定，在科技成果转化活动中弄虚作假，采取欺骗手段，骗取奖励和荣誉称号，诈骗钱财，非法牟利的，由政府有关部门依照管理职责责令改正，取消该奖励和荣誉称号，没收违法所得，并处以罚款，给他人造成经济损失的，依法承担民事赔偿责任。构成犯罪的，依法追究刑事责任。	第四十七条 违反本法规定，在科技成果转化活动中弄虚作假，采取欺骗手段，骗取奖励和荣誉称号，诈骗钱财，非法牟利的，由政府有关部门依照管理职责责令改正，取消该奖励和荣誉称号，没收违法所得，并处以罚款，给他人造成经济损失的，依法承担民事赔偿责任。构成犯罪的，依法追究刑事责任。

（续表）

1996年《中华人民共和国促进科技成果转化法》（1996年10月1日施行）	《中华人民共和国促进科技成果转化法修正案（草案）》（2015年3月2日征求意见稿）	新《中华人民共和国促进科技成果转化法》（2015年10月1日施行）
第三十二条　违反本法规定，对科技成果进行检测或者价值评估，故意提供虚假检测结果或者评估证明的，责令改正，予以警告，没收违法所得，并对该检测组织者、评估机构处以罚款；情节严重的，依法吊销营业执照和资格证书。给他人造成经济损失的，依法承担民事赔偿责任。 第三十六条　在技术交易中从事代理或者居间服务的中介机构和从事经纪业务的人员，或者与当事人一方串通欺骗另一方当事人	第四十七条　科技服务机构及其从业人员违反本法规定，故意提供虚假的信息，实验或者评估结果或者评估证明的，或者与当事人一方串通欺骗另一方当事人的，由政府有关部门依照管理职责责令改正，没收违法所得，并处以罚款；情节严重的，由登记机关依法依法吊销营业执照，给他人造成经济损失的，依法承担民事赔偿责任；构成犯罪的，依法追究刑事责任。 科技中介服务机构及其从业人员违反本法规定泄露国家秘密或者当事人的商业秘密的，分别依照《中华人民共和国保守国家秘密发》及	第四十八条　科技服务机构及其从业人员违反本法规定，故意提供虚假的信息，实验或者结果或者评估证明的，或者与当事人一方串通欺骗另一方当事人的，由政府有关部门依照管理职责责令改正，没收违法所得，并处以罚款；情节严重的，由工商行政管理部门依法依法吊销营业执照，给他人造成经济损失的，依法承担民事赔偿责任；构成犯罪的，依法追究刑事责任。 科技中介服务机构及其从业人员违反本法规定泄露国家秘密或者当事人的商业秘密的，依照有关法律、行政法规的规定承担相应的

219

（续表）

1996年《中华人民共和国促进科技成果转化法》（1996年10月1日施行）	《中华人民共和国促进科技成果转化法修正案（草案）》（2015年3月2日征求意见稿）	新《中华人民共和国促进科技成果转化法》（2015年10月1日施行）
的、责令改正、予以警告，除依法承担民事赔偿责任外，没收违法所得，并处以罚款；情节严重的，依法吊销营业执照和资格证书；构成犯罪的，依法追究刑事责任。	其实施条例、《中华人民共和国反不正当竞争法》等承担法律责任。	法律责任。
第三十三条 各级人民政府科学技术行政部门和其他有关部门工作人员在科技成果转化中玩忽职守、徇私舞弊的，给予行政处分；构成犯罪的，依法追究刑事责任。	第四十八条 科学技术行政部门和其他有关部门及其工作人员在科技成果转化中滥用职权、玩忽职守、徇私舞弊的，由任免机关或者监察机关对直接负责的主管人员和其他直接责任人员依法给予处分；构成犯罪的，依法追究刑事责任。	第四十九条 科学技术行政部门和其他有关部门及其工作人员在科技成果转化中滥用职权、玩忽职守、徇私舞弊的，由任免机关或者监察机关对直接负责的主管人员和其他直接责任人员依法给予处分；构成犯罪的，依法追究刑事责任。
第三十四条 违反本法规定，	第四十九条 违反本法规定，以	第五十条 违反本法规定，以暧

（续表）

1996年《中华人民共和国促进科技成果转化法》（1996年10月1日施行）	《中华人民共和国促进科技成果转化法修正案（草案）》（2015年3月2日征求意见稿）	新《中华人民共和国促进科技成果转化法》（2015年10月1日施行）
以唆使窃取、利诱胁迫等手段侵占他人的科技成果、侵犯他人合法权益的，依法承担民事赔偿责任，可以处以罚款；构成犯罪的，依法追究刑事责任。	唆使窃取、利诱胁迫等手段侵占他人的科技成果、侵犯他人合法权益的，依法承担民事赔偿责任，可以处以罚款；构成犯罪的，依法追究刑事责任。	使窃取、利诱胁迫等手段侵占他人的科技成果、侵犯他人合法权益的，依法承担民事赔偿责任，可以处以罚款；构成犯罪的，依法追究刑事责任。
第三十五条　违反本法规定，职工未经单位允许，泄露本单位的技术秘密，或者擅自转让、变相转让职务科技成果的，参加科技成果转化的有关人员违反与本单位订立的协议，在离职、离休、退休后与原单位相同的期限内从事与科技成果转化活动的，依照有关规定承担法律责任。	第五十条　违反本法规定，职工未经单位允许，泄露本单位的技术秘密，或者擅自转让、变相转让职务科技成果的，参加科技成果转化的有关人员违反与本单位订立的协议，在离职、离休、退休后与原单位相同的科技成果转化活动的，给本单位造成经济损失的，依法承担民事赔偿责任；构成犯罪的，依法追究刑事责任。	第五十一条　违反本法规定，职工未经单位允许，泄露本单位的技术秘密，或者擅自转让、变相转让职务科技成果的，参加科技成果转化的有关人员违反与本单位订立的协议，在离职、离休、退休后与原单位相同的期限内从事与科技成果转化活动，给本单位造成经济损失的，依法承担民事赔偿责任；构成犯罪的，依法追究刑事责任。

221

（续表）

1996 年《中华人民共和国促进科技成果转化法》（1996 年 10 月 1 日施行）	《中华人民共和国促进科技成果转化法修正案（草案）》（2015 年 3 月 2 日征求意见稿）	新《中华人民共和国促进科技成果转化法》（2015 年 10 月 1 日施行）
第三十六条 在技术交易中从事代理或者居间介绍服务的中介机构和从事经纪业务的人员，欺骗委托人的，或者与当事人一方串通欺骗另一方当事人的，责令改正，予以警告，除依法承担民事赔偿责任外，没收违法所得，并处以罚款；情节严重的，依法吊销营业执照和资格证书，构成犯罪的，依法追究刑事责任。	修改作为第四十七条	修改作为第四十八条
第六章 附 则	第六章 附 则	
第三十七条 本法自1996年10月1日起施行。	第五十一条 本法自1996年10月1日起施行。	第五十二条 本法自1996年10月1日起施行。